ANNALES DE TUKULTI NINIP II

ROI D'ASSYRIE 889-884

CHALON-SUR-SAONE
IMPRIMERIE FRANÇAISE ET ORIENTALE DE E. BERTRAND

ANNALES

DE

TUKULTI NINIP II

ROI D'ASSYRIE 889-884

PAR

V. SCHEIL

MEMBRE DE L'INSTITUT
DIRECTEUR D'ÉTUDES A L'ÉCOLE PRATIQUE DES HAUTES ÉTUDES

Avec la collaboration de

J.-Et. GAUTIER

ÉLÈVE DIPLÔMÉ DE L'ÉCOLE PRATIQUE DES HAUTES ÉTUDES

**Ouvrage illustré de 2 héliogravures
et 8 planches**

PARIS (VIᵉ)
LIBRAIRIE HONORÉ CHAMPION, ÉDITEUR
5, QUAI MALAQUAIS, 5
1909

Cet ouvrage forme le 178ᵉ fascicule de la Bibliothèque de l'École des Hautes Études

BIBLIOTHÈQUE
DE L'ÉCOLE
DES HAUTES ÉTUDES

PUBLIÉE SOUS LES AUSPICES

DU MINISTÈRE DE L'INSTRUCTION PUBLIQUE

SCIENCES PHILOLOGIQUES ET HISTORIQUES

CENT SOIXANTE-DIX-HUITIÈME FASCICULE

ANNALES DE TUKULTI NINIP II, ROI D'ASSYRIE 889-884

PAR V. SCHEIL

**Ouvrage illustré de 2 héliogravures
et 8 planches**

PARIS (VIe)
LIBRAIRIE HONORÉ CHAMPION, ÉDITEUR
5, QUAI MALAQUAIS, 5
1909

AVANT-PROPOS

En l'an 1907, un particulier de Mossoul offrait à
vendre une grande tablette portant des traces d'écriture cunéiforme, et mesurant 0,265 de hauteur sur
0,19 de largeur et 0,025 d'épaisseur. Guidé par les
indications de mon frère, le P. Séb. Scheil, le baron
Degrand, alors vice-consul de France à Mossoul, se
décida à l'acquérir. Rentré à Paris fin juillet 1909, le
successeur de Botta ne fit aucune difficulté de me
soumettre ce document. Les surfaces, autrefois recouvertes de fine écriture, semblaient entièrement usées
par le frottement, comme il arrive pour d'autres inscriptions gravées même sur pierre. En réalité, elles
étaient recouvertes d'une couche de lait de chaux
oblitérant tout un grand texte de près de cent cinquante lignes qu'il fallait dégager, vider clou par clou.
J'ose croire que j'ai apporté à ce délicat travail toute la
patience nécessaire et toute la compétence dont je suis
capable. Il s'agit d'un exemplaire, — placé intentionnellement, pensé-je, dans un appareil de maçonnerie
et destiné aux générations futures, — des Annales de

1

Tukulti Ninip II, roi d'Assyrie (889-884). Le lieu d'origine de notre document ne peut être que la ville capitale, Aššur, aujourd'hui ruine de Qal'at-Chergat, explorée présentement par les Allemands. On peut dire sans emphase que de longtemps n'a été faite en Assyrie une découverte plus remarquable, plus digne d'enrichir le Musée du Louvre.

V. SCHEIL.

INTRODUCTION

L'histoire de Tukulti Ninip II, roi d'Assyrie (889-884),
s'alimentait, jusqu'à ce jour, à quelques rares et maigres
sources, les unes directes, les autres indirectes.

Sources directes. — 1. Il existe au Musée du Louvre
une petite agate avec inscription que nous reproduisons
ci-contre (un peu plus grande que nature) :

Aban kišadi[1]
ša ❘ *Tukulti Ninip šar (mât) Aššur*
apal Adad nirâri
šar (mât) Aššur,

c'est-à-dire : « Pierre de col(lier) appartenant à Tukulti
Ninip, roi d'Assyrie,
fils d'Adad nirâri,
roi d'Assyrie. »

2. Une légende de Tukulti Ninip II se lit à l'entrée de
la grotte où le Sebeneh-Su (anciennement *Subnat*) prend
sa source, là même où d'autres rois, avant et après lui,
Téglatphalasar I, Aššurnaṣirapal, Salmanasar II, commé-
morèrent leur passage[2].

---

1. Bonne restitution de Peiser, qui n'avait pas vu l'original, dans *Keilinschr. Bibl.*, I, 50, 51.

2. *Die Keilinschriften am Eingange der Quellgrotte des Sebeneh-Su*, von
Eb. Schrader (1885). Le Subnat (Sebeneh-Su) est le premier affluent notable
du Tigre, qui le prend à Egil, près de Diarbékir. Cf. Streck, *Zeitschr. f.
Assyr.*, XIII, p. 92, 93.

1. [*Ṣa-lam*] *Tukulti (ilu)* [*Ninip*]
2. .... *šarru rabû šarru dan-*[*nu*]
3. .... *šar kiššati šar mat Aš-šur (ilu)* [*Šamši*]
4. *kul-l*]*at nišê, rabû*[*ša*]
5. *ina ri-ṣu-te ša (i*[*lu) Ninip (ilu) ŠI-DU*]
6. *ilâni tik-li-šu*...
7. *ittalaku*[1]*-ma šadi-e dannâti ištu*
8. *ṣi-it (ilu) Šamši a-di e-ri*[*b*]
9. *(ilu) Šam-ši u-tam-me-ḫa*..
10. *iq-du la pa-du-*[*u ša arḫî pašqâte*]
11. *ittalaku*[1]*-ma kîma*...
12. *narâti* [*rišête ša šad*]*ê*
13. *u-kab-bi-sa.*

1. (Image de) Tukulti (Ninip)
 ... roi grand, roi puissant,
 ... roi des peuples, roi d'Assyrie, Soleil
 de l'ensemble des hommes, le grand (qui)
5. avec l'aide du dieu (Ninip et du dieu Nergal),
 les dieux ses protecteurs,
 s'en est allé, et de hautes montagnes, depuis
 le levant du soleil jusqu'au couchant
 du soleil, a étreint...
10. Valeureux, impitoyable, (qui par sentiers difficiles)
 s'en est allé, et comme (un buffle)
 les fleuves et (les cimes des monts)
 foula.

Sources indirectes. — 1. La liste des éponymes (II Rawl., 68, n° 2, obv., 20 et suiv.) donne la nomenclature de six années de règne, entre celle de l'éponymie de notre roi et celle de l'avènement de son fils et successeur.

(889) ❘ *Tukulti Ninip šarru* (roi),
(888) ❘ *Tak-lak ana beli-ya,*
(887) ❘ *Abu (ilu) Malik,*

---

1. Schrader (*op. cit.*) transcrit *ittala-ku-ma*; son texte cunéiforme a *DU-DU-ma.*

(886) ❘ *Ilu mil-ki,*

(885) ❘ *Ya-ri-i* (dans notre nouveau texte : *Na'di ilu*),

(884) ❘ *Aš-šur še-zib-a-ni,*

(883) ❘ *Aš-šur naṣi-ir apal šarru* (roi).

2. Le fils de Tukulti Ninip II, Aššurnaṣirapal, dit de son père, *Ann.*, I, 28 : *Tukulti Ninip šangu Aššur ša kullat*
za-i-ri-šu
29 : *i-ni-ru ina (giš) ga-ši-ši u-ri-tu-u*
pag-ri gi-ri-šu.

« Tukulti Ninip, pontife d'Aššur, qui l'ensemble de ses ennemis subjugua, et à la potence attacha les cadavres de ses adversaires. »

Ibid., II, 125 : *(apal) Tukulti Ninip šarri rabi-e šarri dan-*
ni šar kiššâti, šar mat Aššur. Cf. *ibid.*,
III, 13, et III Rawl., 4, n° 8.

Aššurn., Chasse, II, 27 : *tam-li-a raba-a*
28 : *ekalli ešše-ti ša pa-an ki-sa-la-a-te*
29 : *ša Tukulti Nin-ip šar mât A-šur*
e-pu-šu.

« Le grand remblai du palais neuf en avant des terrasses, que Tukulti Ninip roi d'Assyrie avait fait... »

3. Le petit-fils de Tukulti Ninip, Salmanasar II, se nomme, Obél., 19 : *nab-ni-tu elli-tu ša Tukulti Ninip*
ša kul-lat za-i-ri-šu i-ni-ru-ma
iš-pu-nu a-bu-ba-ni-iš.

« Rejeton illustre de Tukulti Ninip qui subjugua tous ses ennemis et les terrassa comme un ouragan. »

Cf. Monol., I, 11, et Taureau, I (sous le ventre), 12-14.

***

Notre nouveau document a pour but principal de raconter la *sixième* campagne de Tukulti Ninip, celle que circons-crivent le Tartar, le Tigre, l'Euphrate, le Ḫabur. En effet, les cinq premières campagnes ne sont que résumées. Bien plus, on a laissé de côté Prologue, Dédicace aux dieux, Titulature royale. D'autres tablettes, formant série avec la nôtre, suffisaient à cet égard. Ici, nous entrons de plain pied dans le sujet, qui est, nous le répétons, après un résumé des premières années du règne, le *récit très détaillé de la sixième campagne*. Dans la conclusion, on signale brièvement quelques autres événements, chasses royales, constructions rurales ou monumentales.

Nous donnons, ci-après, la transcription et la traduction du nouveau texte, suivi d'un commentaire en partie philologique, en partie géographique. Par manière d'appendice, on a ajouté les itinéraires comparés de la 6ᵉ campagne, et d'une campagne d'Aššurnaṣirapal, fils de Tukulti Ninip, dans les mêmes régions. Les Σταθμοὶ Παρθικοί d'Isidore de Charax sont reproduits dans la partie qui nous intéresse. L'original du nouveau document est reproduit en héliogravure et en *fac-simile*. Une modeste carte des lieux et une vue de la ville de Hit permettent de suivre le récit avec plus d'intérêt.

ANNALES DE TUKULTI NINIP II
ROI D'ASSYRIE 889-884

FACE

§ 1

1. ..... é ša matâti Na-i-ri ..... é-ya' at-ta-bal-kat...
   ....

2. u-ša-aš-ni ina ta-ya-ar-ti-ya-ma iš-tu matâti Na-i-ri
   (al)...

3. mâré-šu marâte-šu aššâti-šu makkuri é-kal-lim-šu
   sîsé-šu a-n[a]...........

---

§ 2

4. Ina tukul-ti Aš-šur beli-ya matâti kali-ši-n[a] pu-
   ul-ḫi u-sa-ḫi-pi-ši-na ❘ Bi.... ... [apal]šu ša ❘
   Am-me-b[a-'-li]...

5. a-na eli-ya lu iš-pu-ra-ma ❘ .... a-la-si maré
   e-mu-qi-a a-na... a-sa-pa-ra-m[a]...

6. iš-tu (al) U-di a-na (al) Ša ...... a-di (mât) Ya-te
   ir-te-di-ma apal-šu.....

7. makkuri-šu bušâ-šu šal-la-s[u ša] é-kal-lim-šu ma-'-
   tu ilâ-ni-šu...

8. iš-tu a-li-šu a-na (al) Ni-[nu]-a ... a-na eli-ya ub-
   lu-[ni]

---

§ 3

9. [Ina kiš]-šu-ti-ya šu-tu-ru-ti ina (al) Ni-nu-a us-ba-
   ku-u-ni lu-u ina lib ni-rib...

10. ... a-sa-pa-ra adi šadi-i eqil nam-ra-ṣi i-du-ku-šu
    kasap-šu GUŠKIN-na makkuré-šu...

---

1. Le type romain marque des lectures très incertaines.

FACE

§ 1

1. ... (Les montagnes difficiles) des pays de Naïri, ...
   ... je franchis...........
2. je fis changer. A mon retour des pays de Naïri, la ville
   de..... (je pris)
3. ses fils, ses filles, ses femmes, le mobilier de son palais,
   ses chevaux..... (je ravis).

---

§ 2

4. Par la force d'Aššur mon seigneur, la terreur (que
   j'inspire) abattit tous les pays; Bi.... fils d'Ammeba'li
5. me dépêcha un message et........ des renforts à....
   j'envoyai
6. depuis la ville de *U*di, vers la ville de.... (il s'avança);
   jusqu'au pays de Yate il chemina — et son fils.....,
7. son trésor, ses avoirs, le butin de son palais, considé-
   rable — ses dieux...
8. de *sa ville*[1] jusqu'à Ninive..... devant moi on apporta.

---

§ 3

9. (Pendant que dans) ma force colossale je demeurai à
   Ninive.... vers le défilé de.....
10. j'envoyai jusqu'aux montagnes, lieux escarpés; *ils le
    tuèrent*, et son argent, l'or, ses biens.... (il ravit).

---

1. Le type italique marque des sens douteux.

§ 4

11. ..*la-a* ..... *ina u-me-šu-ma a-na eli-ya iš-pu-ur*
  a-na matâte Na-i-ri šap-[ṣa-ti]

12. *a-na e-tiq ḫur-ša-ni-šu-nu i-ḫa-ša-aḫ lib-bu-šu ša*
  te-el-lil ..... sir ....

13. *Ina arḫi Simani ûm 1 (kam) li-me* ❙ *Ilu mil-ku iš-tu*
  (al) Ni-nu-a at-tum-muš a-na mât....

14. *(nâr) Su-ub-na-at a-*lik *(šad) Kaš-ya-ri at-ta-bal-*
  kat-ma a-na (al) Pa-an .... [*ša Am-me-*
  ba-'-li]

15. *mâr Za-ma-a-ni aq-ṭi-rib ana eli* ..... lib-[*bi*] *lu-u*
  aš-kun...

16. *2 alâ-ni ina li-me-tu-šu ap-*pul še-am (meš) tibnê *ša*
  mâti-šu...

17. *nišê mâti-šu ana ḫu-ub-ta-ni lu aḫ-ta-bat tap-da-šu*
  lu aš-kun...

18. *ina kakki u-šam-qit ma-'-du-te* ri-e-mu *ar-ta-ši*...
  ... [*Am-me-ba-'-li*]

19. *a-na šu-zu-ub napšâti-šu šêpâ-ya iṣ-ba-at ri-mu-*
  ut-tu aš-kun-aš-šu...

20. *(amil) rabûti-a ina libbi*.....

21. *siparrê anaku parzillu (giš)*....

22. *sîsê (imêr) GIR-NUN-NA (meš) a-na pân (amil)*
  rabûti-a e-....

23. *a-na ra-me-ni-ya aš-ša-a* ❙ *Am-me-ba-'-li mâr Za-*
  ma-a-ni ri-mu-ut-tu aš-kun-aš-šu alâ-[*ni*]

24. *na-ṭu-te u-ša-aṣ-bi-it šub-tu ni-iḫ-tu u-še-ši-ib-šu-nu*
  ma-mit Aš-šur beli-ya ana eli....

25. *u-tam-me-šu šum-ma at-tu-nu sîsê a-na naṣirê-ya*
  sa-al-me-ya ta-ad-nu-ni (ilu) Adad ilu râm-
  ya...

26. *Ina u-me-šu-ma* ❙ *Tukulti Ninip ta-na-a-ta li-me*
  *kiš-šu-te ṣi-ru-te a-na-*ku al-*mid ina ê-*kur-at-ya
  IM-[*DUP (meš)*]-ni

§ 4

11. [¶].... en ce temps-là, dépêcha vers moi; vers les
    pays puissants de Naïri...
12. de franchir leurs pics, son cœur a envie...........

13. Au mois de Siwan, le 1ᵉʳ jour, sous l'éponymie de Ilu
    milku, je partis de Ninive, vers le....
14. du fleuve Subnat, j'allai; le mont de Kašyari je fran-
    chis; vers la ville de Pan... [de Ammeba'li]

15. descendant de Zamani, j'approchai, contre... *je me
    dirigeai....*
16. 2 villes de son district je détruisis, blés et pailles de
    son pays....
17. les gens de son pays je fis captifs, sa défaite j'accom-
    plis....
18. par les armes je terrassai un grand nombre; j'eus pi-
    tié... (Ammeba'li)
19. pour sauver sa vie, prit mes pieds, je lui fis grâce....

20. mes officiers j'y (installai)...
21. du bronze, du plomb, du fer, du....
22. des chevaux, des mulets, entre mes officiers, (je parta-
    geai)... (le reste)
23. pour moi je pris. Ammeba'li le descendant de Zamâ-
    ni... à qui j'avais fait grâce, des villes
24. commodes je lui fis occuper, et les installai dans une ré-
    sidence de paix, le serment d'Aššur mon seigneur...
25. je le fis jurer (en disant moi-même) : O vous, si vous
    fournissez des chevaux à mes gardes du corps, le
    dieu Adad qui m'aime (vous bénira)!
26. En ce temps-là, Tukulti Ninip, — *la gloire de (cette)
    année, (sa) vaillance, (sa) magnificence, moi-même
    j'étudiai; dans mes temples, des tablettes*

27. *ina i-ga-ri pit-ki kisal-ma-ḫt ša (ilu) NUN-NAM-*
    NIR ina bâb mas-ḫu-pi ul-te-zi-iz kaspu ša matâti
    Na-i-ri . . .
28. *ša* ❘ *Am-me-ba-'-li mâr Za-ma-a-ni ki-šid-ti kakkê-*
    ya ša al-qa-a šitta(ta) qa-ta a-na (ilu) . . . .
29. *išteni-it qa-ta ina é-kal-lim-ya aš-kun ina u-me-šu-*
    ma 60 RAB-ḪU (meš) iṣṣuré niqê a-na Aš-šur
    beli-ya [aqîs]

<h2 style="text-align:center">§ 5</h2>

30. *Ina arḫi Tešrit ûm 16 (kam) iš-tu (al) Aššur at-tum-*
    ša ana ni-ri-be ša matâte Kir-ru-u-ri e-ru-bu iš-tu
    ni-ri-bi . . . .
31. *at-tu-muš ina kirib-ti (mât) Ur-ru-up-nu (mât) Iš-*
    ru-un šade-e dan-nu-ti ša ina šarrâ-ni abê-ya ki-
    [rib] . . . .
32. *ma-am-ma ina lib-bi la-a e-pu-šu u il-ka-ka-at (mât)*
    Aš-šur ma-am-ma la-a e-el . . . . .
33. *lu-u e-ru-ub ina kak-ka-ri eqil nam-ra-ṣi attala-ak-*
    ma šap-ša-qi a-šar ina šarrâ-ni abê-ya . . . .

34. *ina lib-bi la-a e-te-qu aḫ-lu-up ina lib-bi aš-tam-di-iḫ*
    ana alâ-ni ša (mât) La-da-a-ni ša mât ❘ *. . . .*
35. *(mât) Lu-ul-lu u-kal-lu-ni aq-ṭi-rib 30 alâ-ni-šu-nu*
    ina bir-ti šadâ-ni aktaš-ad . . . . (meš)-šu-nu šani-
    e . . . .
36. *aš-lu-la alâ-ni-šu-nu ap-pul aq-qur ina išâti aš-ru-*
    up si-ta-te-šu-nu [i]g-du-ru šadu-u [mar-ṣu]

37. *i-ṣa-ab-tu ina 2-e ume ina šade-e (mât) Iš-ru-un*
    la a-na narkabti-a la-a bit-ḫal-li it-ti . . .
38. *ina šêpâ-ya a-na šad-e (mât) Iš-ru-un a-šar ḫul-ki*
    erû šame-e muš-tap-ri-šu ki-rib-šu la-[a i-'-ru]

27. dans le mur construit de la grande terrasse d'Aššur,
    dans la porte *Mashupi,* je fis placer; — et quant à
    l'argent (butin) de Naïri ... (et)

28. de Ammeba'li le descendant de Zamâni, la proie de
    mes armes que j'avais prise — deux tiers au dieu...

29. un tiers pour mon palais, j'affectai. En ce temps-là, (je
    fis présent) au dieu Aššur mon seigneur de 60 grands
    oiseaux, d'oiseaux et de moutons de sacrifice —

§ 5

30. Au mois de Tešrit 16ᵉ jour, je partis d'Aššur, je péné-
    trai dans le défilé de Kirrûri; du défilé....

31. je partis au milieu des pays de Urrupnu et Išrun,
    grandes montagnes où des rois mes pères (, la guerre)

32. aucun n'y avait fait, et les prouesses d'Aššur personne
    n'y....

33. j'y pénétrai : dans une région de terrains difficiles je
    marchai, et des escarpements que des rois mes pères
    (personne)...

34. n'y avait franchi, je m'y glissai; au milieu je m'avançai,
    et vers les villes du pays de Ladâni, qui le pays de....

35. et le pays de Lullu défendent, je m'approchai, je con-
    quis 30 de leurs villes, situées entre les montagnes;
    leurs.... deuxième...

36. je ravis, leurs villes je renversai, détruisis, brûlai —
    leurs restants émigrèrent, et des montagnes escar-
    pées

37. gagnèrent. Un deuxième jour, dans les montagnes du
    pays d'Išrun, non sur mon char ni sur un coursier....

38. mais sur mes pieds, par les montagnes du pays d'Iš-
    run, lieu de perdition où l'aigle des cieux en volant
    ne pénètre pas

39. *ar-ki-šu-nu lu-u e-li ištu ṣîr šadi-i (mât) Iš-ru-un a-di (nâr) Za-ba šap-li-e ar-ki-šu-[nu].....*

40. *šal-la-su-nu a-na la me-ni u-te-ra ri-ḫu-te-šu-nu a-[na] šu-zu-ub napšâti-šu-nu (nâr) Za-ba šap-li-i.. [e-tab-ru]*

---

§ 6

41. *Ina arḫi Nisan ûm 26 (kan) ina li-me ⸢ Na-'-di ilu iš-tu (al) Aššur at-tum-ša ina ṣal-li-li asak-an mid-di ištu....*

42. *at-tu-muš (nâr) Tar-ta-ra e-te-bir asak-an mid-di ki-ma (giš) NU-ŠAR mê mu-[še] kali-šu iḫ-tu-bu....te*

43. *470 ⸢⸣ (meš) uḫ-tap-pi ina šêpâ ana eli... ṣirûti... a-ta-lak adu-ak. Ina 2-e ume ana eli......-muš*

44. *mê mar-ru ka-ra-ṣi la-a u-šab-bu-u iš-tu eli nâri it-tum-muš ḫu-ri-ib-te a-[ṣa-bat]*

45. *ina eli (nâr) Tar-ta-ra asak-an mid-di 4 umé ši-di (nâr) Tar-ta-ra ir-te-di ina gir-ri-šu ša šid-di (nâr) Tar-ta-ra*

46. *9 (alap) rîmâni adu-ak ana eli pi-a-te ša (nâr) Tar-ta-ra asak-an mid-di mê iḫ-tu-pu ištu eli pi-a-te*

47. *ša (nâr) Tar-ta-ra it-tu-muš ina libbi Ḥa-ma-te eqil nam-ra-ṣi ar-te-di ina eqil Mar-ga-ni*

48. *nârê a-ta-mar bat-tu-bat-te-ši-na ⸢⸣ (meš) uḫ-tap-pi U-A (meš) ma'dûti asak-an mid-di mê kal ume u mu-še iḫ-tu-bu*

49. *a-na eli (nâr) Diglat aq-ṭi-rib-ma maš-ka-na-a-te ša (mât) U-tu-'-a-te al Qab-ra-ni-šu-nu ša šit-ku-nu eli*

50. *(nâr) Diglat ak-ta-šad diktâ-šu-nu a-duk šal-la-su-nu ma-'-ta a-sa-la ina (al) A-ṣu-ṣi asak-an mid-di*

39. à leur poursuite je gravis; depuis le haut des mon-
    tagnes du pays d'Išrun jusqu'au Zab inférieur, à leur
    poursuite (je me mis);
40. leur butin sans nombre je ramenai; le reste d'entre eux,
    pour sauver sa vie, passa le Zab inférieur.

§ 6

41. Au mois de Nisan, 26ᵉ jour, sous l'éponymie de Na'di-
    ilu, je partis d'Aššur et campai dans la *plaine;*
    de ...
42. je partis et franchis le Tartar, je campai; pareil au
    jardinier, on puisa de l'eau toute la nuit...
43. je détruisis 470 ...; à pied, sur de grands.... je fonçai
    et les tuai. Le deuxième jour[1]....
44. je ne remplis pas mon ventre d'eaux amères. De dessus
    le fleuve je partis donc, je pris le chemin du désert,
45. sur le Tartar, je campai. Pendant 4 jours, je descendis
    le long du Tartar. Sur son (mon) chemin, le long
    du fleuve Tartar,
46. 9 buffles je tuai. Sur les bouches du Tartar, je campai;
    on puisa de l'eau. De sur les bouches

47. du Tartar je partis, et descendis en plein Hamate, lieux
    difficiles; dans les champs de Margani
48. je découvris des canaux; sur les deux côtés, je détrui-
    sis des ..., nourritures abondantes, je campai; tout
    un jour et la nuit, on puisa de l'eau.
49. J'approchai du Tigre, et les villages du pays de Utu'ate,
    la ville de leurs tombes, sise sur

50. le Tigre, je conquis, leur tuai du monde, et pillai force
    butin. Dans Ašuši, je campai.

---

1. Tout le long de ce texte, le scribe emploie la 3ᵉ ou la 1ʳᵉ personne, in-
différemment. Nous nous en tenons à la 1ʳᵉ, dans la traduction.

51. *iš-tu (al) A-ṣu-ṣi at-tu-muš ina ûm 3 (kan) ina la-a*
  ṣa-at pa-ni la mu-di gi-ri lib kišti ar-te-di

52. *a-na (al) Dûr* ❢ *Ku-ri-gal-zu aq-ṭi-rib asak-an mid-*
  di iš-tu (al) Dûr ❢ *Ku-ri-gal-zu it-tum-muš (nâr)*
  Pa-at-ti (ilu) Bêl
53. *e-te-bir asak-an mid-di iš-tu (nâr) Pa-at-ti (ilu) Bêl*
  at-tu-muš ina (al) Si-ip-pu-ru ša (ilu) Ša-maš (al)
  Si-ip-pu-ru ša (ilu) Ša-maš
54. *asak-an mid-di iš-tu (al) Si-ip-pu-ru ša (ilu) Ša-maš*
  at-tum-ša a-na ŠAG (nâr) Pu-rat-te aṣ-ṣa-bat
  ina (al) Sa-la-te
55. *asak-an mid-di iš-tu (al) Sa-la-te it-tu-muš ina pu-*
  ut (al) Dûr balaṭi asak-an mid-di (al) Dûr balaṭi
  šep am-ma-te
56. *ša (nâr) Pu-ra-te ṣa-li iš-tu (al) Dûr balaṭi it-tum-ša*
  ina (al) Ra-ḫi-im-me ša pu-ut (al) Ra-pi-qu
57. *asak-an mid-di (al) Ra-pi-qu šep am-ma-te ša (nâr)*
  Pu-rat-te ṣa-li· iš-tu (al) Ra-ḫi-im-me it-tum-ša
58. *ina eqil Kab-si-te ša eli (nâr) Pu-rat-te asak-an mid-*
  di iš-tu (al) Kab-si-te it-tum-ša ina (al) Da-ya-še-ti
59. *asak-an mid-di iš-tu (al) Da-ya-še-ti at-tu-muš ina*
  pu-ut (al) Id ina rîš e-ni ša ku-up-ri
60. *a-šar (aban) uš-me-ta ša ilâni rabûti ina libbi ša-*
  zu-ni asak-an mid-di (al) Id šêp am-ma-te ša (nâr)
  Pu-rat-te
61. *ṣa-a-li iš-tu (al) Id it-tum-muš ina (al) Ḫar-bi-e asak-*
  an mid-di (al) Ḫar-bi-e šep am-ma-te
62. *ša (nâr) Pu-rat-te ṣa-li iš-tu (al) Ḫar-bi-e at-tum-*
  muš ana u-sal-lim ša eli (nâr) Pu-rat-te at-ta-iš
63. *mê mu-še kal u-me iḫ-tu-bu ḫu-ri-ib-tu ša šadi-i a-*
  šar la-aš-šu-u ši-ḫi-it ina lib-bi ugari iṣ-ṣa-bat

64. *ina šadi-i qaq-qar ṣu-ma-me-te asak-an mid-di iš-tu*
  qaq-qar ṣu-ma-me-te it-tum-muš ina u-sal-lim
65. *ša (al) Ḫu-du-bi-li ša eli (nâr) Pu-rat-te asak-an*
  mid-di ištu (al) Ḫu-du-bi-li it-tum-muš ina bir-ti

51. D'Aşuşi je partis. Au troisième jour, je m'avançais à
l'aventure, sans savoir le chemin, par les fourrés ;

52. j'approchai de Dûr Kurigalzu et campai. De Dûr Kurigalzu je partis et le canal Patti Bêl

53. je franchis, et campai. Du Patti Bêl, je partis, et dans
Sippuru ša Šamaš (*bis*)

54. je campai. De Sippuru ša Šamaš je partis ; vers la côte
de l'Euphrate je me dirigeai. Dans Salate

55. je campai. De Salate je partis, en face de Dûr balâți
je campai ; Dûr balâți est située sur l'autre rive

56. de l'Euphrate. De Dûr balâți je partis et dans Raḫimme en face de Rapiqu

57. je campai. Rapiqu est située sur l'autre rive de l'Euphrate. De Raḫimme je partis,

58. dans les champs de Kabsite sur l'Euphrate je campai.
De Kabsite je partis, et dans Dayašeti

59. je campai. De Dayašeti je partis, en face de Id, près la
source de bitume,

60. lieu des pierres *ušmeta (uššipta)*, où les grands dieux
parlent, je campai. Id est située sur l'autre rive de
l'Euphrate.

61. De Id je partis. Dans Ḫarbie je campai. Ḫarbie est située sur l'autre rive

62. de l'Euphrate. De Ḫarbie je partis, je me hâtai vers les
prairies qui sont sur l'Euphrate ;

63. de l'eau, la nuit et tout un jour, on puisa ; je pris le chemin du désert montagneux, endroit où il n'y a pas
de fourrage dans les champs ;

64. dans les montagnes, lieu de sécheresse, je campai. De
ce lieu de sécheresse, je partis ; dans les prairies

65. de Ḫudubili qui sont sur l'Euphrate, je campai. De
Ḫudubili je partis ; entre

2

66. *(al) Za-di-da-a-ni (al) Sa-bi-ri-te asak-an mid-di*
     (al) Sa-bi-ru-tu ina qabal (nâr) Pu-rat-te şa-a-li

67. *iš-tu (al) Za-di-da-a-ni it-tum-ša ina pu-ut (al) Su-*
     u-ri (al) Tal-bi-iš asak-an mid-di (al) Tal-me-iš

68. *ina qabal (nâr) Pu-rat-te şa-li iš-tu (al) Su-u-ri at-*
     tum-muš a-na (al) A-na-at ša (mât) Su-hi

69. *aq-ṭi-rib (al) A-na-at ina qabal (nâr) Pu-rat-te şa-li*
     ina pu-ut (al) A-na-at asak-an mid-di na-ḫur-tu

70. *ša ⸢ Ilu ib-ni ša-kin (mât) Su-hi 3 bilât kaspi 20 ma-*
     na ḫurâşi (giš) ni-ma-ti ši-ni 3 (giš) ŠA (meš) ši-ni

71. *18 libnâte ša anaki 40 (giš) qab-la-te (meš) ša (giš)*
     meš-kan-ni (giš) iršu (giš) meš-kan-ni 6 (giš)
     paššurê ša (giš) meš-kan-ni

72. *nir-ma-ak-tu siparri (KU) lu-bul-tu (KU) kite (KU)*
     lu-bul-tu bir-me (KU) šipât ZA-GIN GIG alpê
     immerê GAR (meš) KAŠ (meš)

73. *am-ḫur-šu iš-tu (al) A-na-at it-tum-ša ina (al) Maš-*
     qi-te asak-an mid-di iš-tu (al) Maš-qi-te it-[tum-ša]

74. *ina (al) Ḫa-ra-da asak-an mid-di (al) Ḫa-ra-da šep*
     am-ma-te ša (nâr) Pu-rat-te şa-li iš-tu (al)

75. *(al) Ḫa-ra-da it-tum-muš ina (al) Ka-i-li-te asak-an*
     mid-di iš-tu (al) Ka-i-li-te it-tum-muš

76. *ana (al) Ḫi-in-da-ni aq-ṭi-rib 10 ma-na ḫurâşi li-*
     iq-tu 10 ma-na kaspi 2 bilât anakê

77. *1 bilat ŠIM-ŠIŠ 1 šu-ši BAD(meš) siparri 10 ma-na*
     (šam) za-di-du 8 ma-na (aban) (ŠIM)-ZI-DA

78. *30 ud-ra-te 50 alpê 30 imerê 14 işşurê rabûti 200*
     immerê (meš) GAR (meš) KAŠ (meš) tibnê (še)
     ki-su-tu (meš)

79. *na-ḫur-tu ša ⸢ Am-me a-la-ba (mât) Ḫi-in-da-na-ya*
     at-ta-ḫar asak-an mid-di (al) Ḫi-en-da-nu

80. *ina šep am-ma-te ša (nâr) Pu-rat-te şa-li ida da-ia-*
     la-te-šu ša ḫu-ri-ib-te IP(LU?)-UR (meš) adu-ak

81. *marê IP(LU?)-UR (meš) işşurê ina qâti u-şab-bi-ta*
     ina da-ia-la-te-šu ša šid-di (nâr) Pu-rat-te aialê

82. *adu-ak marê aialê ina qâti u-şa-bi-ta iš-tu mât Ḫi-*
     in-da-ni it-tum-muš

66. Zadidâni et Sabirite je campai ; Sabirutu est située au
    milieu de l'Euphrate,

67. De Zadidâni je partis ; en face de Sûri de Talbiš je
    campai ; Talmeš

68. est située au milieu de l'Euphrate. De Sûri je partis, et
    de Anat du pays de Suḫi

69. j'approchai. Anat est située au milieu de l'Euphrate.
    En face d'Anat je campai. Le tribut copieux

70. de Ilu ibni, préfet de Suḫi : 3 talents d'argent, 20 mines
    d'or ; un trône(?) d'ivoire, 3 *pidnu* d'ivoire,

71. 18 plaques de plomb, 40 troncs de bois *meškanni*, un
    lit en bois *meškanni*, 6 tables en bois *meškanni*,

72. une aiguière de bronze, des vêtements, tuniques, bro-
    deries, lainage bleu-sombre, des bœufs, moutons,
    pains et boissons

73. je reçus de lui. De Anat je partis ; dans Mašqite je
    campai. De Mašqite je partis ;

74. à Ḫarada je campai ; Ḫarada est située sur l'autre rive
    de l'Euphrate.

75. De Ḫarada je partis. Dans Kailite je campai. De Kailite
    je partis ;

76. de Ḫindani je m'approchai. 10 mines d'or . . ., 10 mines
    d'argent, 2 talents de plomb,

77. 1 talent de myrrhe, 60 tiges(?) de bronze, 10 mines
    d'herbe *zadidu*, 8 mines de pierre *šimzida*

78. 30 chameaux, 50 bœufs, 30 ânes, 14 grands oiseaux,
    200 moutons, des pains, boissons, paille, fourrage,

79. tribut de Amme alaba le Ḫindanéen, je reçus ; je cam-
    pai. Hindanu

80. est sur l'autre rive de l'Euphrate. Dans les chasses du
    désert, je tuai des *IP-UR*.

81. Les petits *IP-UR*, des oiseaux je pris de mes mains.
    Dans les chasses le long de l'Euphrate, des daims

82. je tuai, des faons de ma main je pris. Du pays de
    Ḫindanu je partis.

REVERS

1. *ina šadi-i ša ŠAG (nâr) Pu-rat-te ina ka-la-pa-te
   ina.... parzilli...*
2. *ina (al) Na-gi-a-te asak-an mid-di iš-tu (al) Na-gi-
   a-te it-tu-muš ana u-sal-lim ša (al) A-qa-ar-ba-[ni]*
3. *aq-ṭi-rib 200 immeré (meš) 30 alpé še-am (meš) tibné
   GAR (meš) KAŠ (meš) na-ḫur-tu ša ❘ Mu-da-da
   (mât) La-qa-a-ya at-ta-ḫar*
4. *asak-an mid-di iš-tu (al) A-qa-ar-ba-ni it-tum-ša
   ana (al) Ṣu-up-ri at-ta-iš 200 immeré (meš) 50 alpé
   GAR (meš) KAŠ (meš)*
5. *še-am (meš) tibné na-ḫur-tu ša (mât) Ḫa-ma-ta-a-ya
   (mât) La-qa-a-ya at-ta-ḫar ašar aš-ku-nu û(t)-me
   at-tu-muš*
6. *ina (al) Ar-ba-te asak-an mid-di 200 immeré (meš)
   30 alpé GAR (meš) KAŠ (meš) še-am (meš) tibné
   na-ḫur-tu ša ❘ Ḫa-ra-a-ni*
7. *(mât) La-a-qa-a-ya at-ta-ḫar [iš-tu (al)] Ar-ba-te
   it-tum-ša ina eqil Ka-ṣi asak-an mid-di*
8. *iš-tu eqil Ka-ṣi it-tum-[ša ana a]l Sir-qi aq-ṭi-rib
   3 ma-na ḫurâṣi 7 ma-na ṣar-pu kaspi*
9. *40 ummaré siparri 1 bilât Š[IM-ŠIŠ] x00 immeré
   (meš) 140 alpé 20 imeré 20 iṣṣuré ....
   ..... [še-am (meš)]*
10. *tibné (še) ki-su-tu (meš) [na-ḫur]-tu ša ❘ Mu-[da]-da
    (al) Sir-qa-a-ya at-ta-ḫar ki-i [ina]*
11. *(al) Sir-qi us-ba-ku-ni [na-ḫu]r-tu ša ❘ Ḫa-ra-a-ni
    (mât) La-[qa]-a-ya 3 ma-na ḫurâṣi 10 ma-na kaspi*
12. *30 ummaré siparri 6 bilât anaké 700 immeré (meš)
    100... alpé 20 imeré it-ta-ḫar ina (al) Sir-qu asak-
    an mid-di*
13. *(al) Sir-qu šep am-ma-te [ša (nâr)] Pu-rat-te ṣa-li
    iš-tu (al) Sir-qi it-tum-ša ina u-sal-lim*

REVERS

1. Dans les montagnes bordières de l'Euphrate, avec des haches, des... de fer... (je frayai un chemin),

2. dans Nagiate je campai; de Nagiate je partis, et des prairies de Aqarbani

3. j'approchai; 200 moutons, 30 bœufs, du blé, paille, pains, boissons, tribut de Mudada le Laquéen je reçus.

4. Je campai, et d'Aqarbani je partis, et me hâtai vers Ṣupri; 200 moutons, 50 bœufs, des pains, des boissons,

5. du blé, paille, tribut de Ḥamataï le Laqéen je reçus; de l'endroit où *j'arrétais*, je partis *le jour (même)*

6. et dans Arbate je campai; 200 moutons, 30 bœufs, pains, boissons, blés, paille, tribut de Ḥarâni

7. le Laqéen je reçus. De Arbate je partis, dans les champs de Kaṣi je campai;

8. des champs de Kaṣi je partis et m'approchai de Sirqi, 3 mines d'or, 7 mines d'argent affiné,

9. 40 marmites de cuivre, 1 talent de myrrhe, x00 moutons, 140 bœufs, 20 ânes, 20 oiseaux, ... blé,

10. paille, fourrage, tribut de Mudada le Sirqéen, je reçus.

11. Comme je restai à Sirqi, le tribut de Ḥarâni le Laqéen, 3 mines d'or, 10 mines d'argent,

12. 30 marmites de cuivre, 6 talents de plomb, 700 moutons, 100... bœufs, 20 ânes je reçus. Dans Sirqi, je campai.

13. Sirqi est située sur l'autre rive de l'Euphrate. De Sirqi je partis; dans les prairies

14. *ša (nâr) Pu-rat-te* lam *(al)* [*Ru-um*]-*mu-ni-?* *a-šar*
    pal-gu ša (nâr) Ha-bur *ṣa-la-an-ni asak-an*
    mid-di

15. *iš-tu (al) Ru-um-mu-ni-*d[u] *it-tum-ša a-na* [*(al) Su-*
    u-ri ša mâr Ha-dip-pi]-*e ša eli (nâr)* Ha-bur

16. *aq-ṭi-rib 20 ma-na ḫurâṣi 20 ma-na kaspi 32 bilât*
    anaké 130 bilât siparri...

17. *ša siparré išt-en tap-ḫu 150 šu-mi iḫ-ṣi 1 biltu*
    (šipât) ZA-GIN.... pişu (giš)... *biltu*....

18. *5 ma-na (šam) za-di-du 1 biltu parzilli šamnu ṭâbu*
    1200 immeré (meš) 100 [*alpé*]....

19. *išṣuré rabûti 2 (šal) NIN (meš)-šu iš-tu nu-ud-ni-*
    ši-na ma-'-di na-[*ḫur-tu ša (mât) Ha-ma-ta*]-*a-ya*

20. *mât La-qa-a-ya iš-tu (al) Su-u-ri ša mâr Ha-dip-*
    pi-e [*at-tum-muš ana al U-sa-la-a*] *aq-ṭi-rib*

21. *200 immeré (meš) 30 alpé GAR (meš) KAŠ (meš) še-*
    am (meš) tibné [*na-ḫur-tu*] ..... *at-ta-ḫar asak-an*
    mid-di

22. *iš-tu (al) U-sa-la-a it-tum-ša a-na (al)* [*Dûr-kat-lim-*
    mu] *ša (mât) La-qi-e* [*aqṭirib*]

23. *a-na si-ḫir-ti-šu alpé immeré (meš) ṣar-pu kaspi*....
    [ma-da]-*tu*

24. *ša (al) Dûr kat-lim-mu 10 ma-na kaspi 14 ma-na*
    ....*biltu*..... *(šam) za-di-du*

25. *1 bilat ŠIM-ŠIŠ 100 patré parzilli 10 kan-*[*nu*].....
    :... [*lu-bul*]-*tu bir-me*

26. *iš-tu al Dûr kat-lim-mu it-tum-ša ina*...........
    .... *it-tum-ša*

27. *ana (al) Qat-ni aq-ṭi-rib na-ḫur-tu ša (mât)* [*Qat-*
    na-a-ya... G]*A-tu* ....

28. *11 bilât a*[*naki*] *50 u-da-e (meš) ša siparri*........
    ... *100 išṣuré rabûti*

29. *kur-ki-e (išṣur) GAR (meš) KAŠ (meš) še-am (meš)*
    tibné..... [*iš-tu (al) Qat-ni*] *it-tum-ša*

30. *ina (al) La-ṭi-ḫi Ša (mât) Di-ka-na-a-ya asak*[*an*
    mid-di]......

14. de l'Euphrate, avant (d'arriver) à la ville de Rummu-
     ni..., à l'endroit où les canaux du Habur (?) sont
     situés, je campai ;

15. de Rummuni*du* je partis ; vers Sûri de Hadippi sur
     le Habur

16. j'approchai ; 20 mines d'or, 20 mines d'argent, 32 talents
     de plomb, 130 talents de cuivre....

17. de cuivre, un *taphu*, 150 ... sertis, 1 talent de laine
     bleue.... blanche... talent....

18. 5 mines d'herbe *zadidu*, 1 talent de fer, de la bonne
     huile, 1200 moutons, 100 (bœufs)...

19. de grands oiseaux, 2 de ses femmes avec leurs fortes
     dots, [2°] tribut de Hamataï

20. le Laqéen. De Sûri de Hadippe (je partis, et de Usalâ)
     j'approchai.

21. 200 moutons, 30 bœufs, pains, boissons, blé, paille,
     tribut de... je reçus, je campai.

22. De Usalâ je partis, vers Dûr Katlimmu de Laqî (j'ap-
     prochai),

23. dans son alentour, bœufs, moutons, argent affiné...
     (je pris). Tribut

24. de Dûr Katlimmu : 10 mines d'argent, 14 mines.....
     de *uzadidu*,

25. 1 talent de myrrhe, 100 poignards de fer, 10 vases....
     (étoffes) brodées.

26. De Dûr Katlimmu je partis, dans (X je campai, de X)
     je partis.

27. De Qatni j'approchai ; tribut du (Qatnéen) : *x* bonne,
     70...

28. 11 talents de plomb, 50 *udaé* de cuivre..... 100 grands
     oiseaux,

29. des oiseaux *kurkú*, pains, boissons, blé, paille.... [De
     Qatni] je partis ;

30. dans Latihi, ville Šadikanéenne, je campai...

31. *a-na Ša (al) Di-kan-ni aq-ṭi-rib 3 ma-na*.........
    siparri
32. *išt-en tap-ḫu ša kaspi iš-tu ša (al) Di-ka[n-ni it-tum-*
    ša ina (al) Dug-ga-e-te asak-an mid-di] iš-tu
33. *(al) Dug-ga-e-te it-tum-muš ina (al) Ma-[ga-ri-si*
    asak-an mid-di iš-tu (al) Ma-ga-ri]-si it-tum-muš
34. *ina (al) Gu-ri-e-te asak-an mid-di iš-[tu (al) Gu-ri-*
    e-te it-tum-muš ina (al) Ta-bi-te] asak-an mîd-di
35. *iš-tu (al) Ta-bi-te it-tum-muš*....................
    it-tum-muš
36. *ina (al) Na-ṣi-pi-na asak-an mid-di iš-tu*.........
    [ina] (al) Ḫu-zi-ri-na
37. *asak-an mid-di iš-tu (al) Ḫu-zi-ri-[na it-tum-muš*
    ....ina (al)] ša [Tukul]ti (ilu) Ninip
38. *a-na eš-šu-te iṣ-ba-tu-ni asak-[an mid-di]*.........
    šade-e eqil
39. *nam-ra-ṣi du-ru-ku šap-ša-qi*....................
    še ša (mât) Mu-uš-ki
40. *at-ta-lak ina ûm 4 (kan) (al) Pi-i-ru*............
    [šalla]-su-nu
41. *bušâ-šu-nu alpé-šu-nu LU ṣi-ni*................
    ak-ta-šad
42. *tiduké-šu-nu a-na la me-ni ... u*................
    alâ-ni-šu-nu
43. *ina išâti a-sa-ra-pa [eb]uré ki[réšunu akis]*........
    alâ-ni-šu-nu
44. *u-ša-aṣ-bi-su-nu biltu ma-[at-tu eli ša pa-an eli-šu-*
    nu] aš-kun
45. *ina gir-ri ša-ni-e-ma a aṣ*.................. *iš-šu*

---

§ 7

46. *Ta-na-ti kiš-šu-ti-ya ša Aš-šur ilu šamši-ya* ràm-ya
    *....šadi-i ša-qu-*te
47. *iš-tu (mât) Šu-ba-ri-i a-di mât Kil(Gir)-za-a-ni u*
    (mât) Na-i[-ri].......... *a-ri ša* mal-qi-*i-tu*

31. de Ša (al) Dikanni j'approchai, 3 mines....... cuivre,

32. 1 *taphu* d'argent. De Ša (al) Dikanni [je partis, dans
    Duggaete je campai], de

33. Duggaete je partis; dans Ma[garisi je campai; de Ma-
    gari]si je partis; dans

34. Guriete je campai; de Guriete je partis; dans Tabite
    je campai;

35. de Tabite je partis; (à X je campais; de X) je partis,

36. dans Naṣipina je campai; (de Naṣipina je partis), dans
    Ḫuzirina

37. je campai; de Ḫuzirina (je partis, dans) « Ša Tukulti
    Ninip

38. l'a rebâtie » je campai; vers.... des montagnes, lieux

39. escarpés, chemins difficiles...... du pays de Muški

40. j'allai; le quatrième jour, j'atteignis Piru...; leur
    butin,

41. leur avoir, leurs bœufs, leur petit bétail;..... je con-
    quis,

42. leurs guerriers sans nombre (je tuai), leurs villes

43. j'incendiai, les moissons, les vergers, leurs moissons (je
    coupai); des.... (dans) leurs villes

44. je fis demeurer, et un tribut (lourd plus qu'aupara-
    vant) je (leur) imposai.

45. Dans une deuxième campagne.......

§ 7

46. La gloire de ma vaillance que Aššur mon soleil *qui
    m'aime*....montagnes élevées

47. depuis le pays de Šubari jusqu'à celui de Kir(Gil)zâni
    et de Na[ïri]........; la prise

48. *ša ul-ta-qu-u ŠU-NIGIN 2720 sîsé [ina (al)] Ni-*
   nu-[a] . . . . . . mâti-ya eli ša pa-[an]
49. *u-ša-tir ar-ku-uš*

---

§ 8

50. *ekallâte ina ši-di mâti-ya ar-ṣip (giš) APIN (meš)*
   . . . šad-a ar-[ku-uš] [še]-am (meš) tap-ta-a-ni a-na
   e-. . . .
51. *mâti-ya eli ša pa-an u-ša-tir at-bu-uk eli (mât) As-*
   šur ma-a-ta eli nišê-ša nišê u-rad-di

---

§ 9

52. *(ilu) Ninip u (ilu) ŠI-DU (Nergal) ša šangu-ti iramû*
   bâl ṣêri u-šat-li-mu-ni ša e-piš ba-'-ri iq-bu-u-
   šu . . . .
53. *dan-nu-ti ina narkabti-ya pa-at-tu-ti ina libbi-a ik-*
   di ina qit-ru-ub me-it-lu-ti-ya ina (giš) pa-aš-ḫi
   [aduk]

---

§ 10

54. *E-nu-ma dûru ša tam-li-e rabi-e ša [ina pa]n belu-*
   ti-ya ša iš-tu pa-an šarrâ-ni maḫ-ru-te a-li-ku-ut
   pani-[ya]
55. *e-pu-šu e-na-aḫ-ma ⸢ (ilu) Aš-š[ur uba]lliṭ pa-te-si*
   Aš-šur epu-uš i-tur i-na-aḫ-ma ⸢ Tukulti Ninip

56. *pa-te-si Aš-šur mâr Adad nirâri pa-t[e-si Aš-šur*
   a]-šar-šu u-me-si dan-na-su ak-šud uš-ši-šu ina
   eli ki-ṣir

48. que j'ai enlevée ; en total 2.720 chevaux, dans Ninive
    (pour les gens) de mon pays, plus qu'auparavant
49. j'ai ajouté, j'ai élevé.

§ 8

50. Des palais dans l'étendue de mon pays, j'ai construit ;
    des machines d'irrigation... j'ai fabriqué ; des blés,
    aliment pour...
51. de mon pays, plus qu'auparavant, j'ajoutai et accu-
    mulai ; au pays d'Aššur j'ajoutai du pays, à ses habi-
    tants des habitants.

§ 9

52. Les dieux Ninip et Nergal qui aiment mon sacerdoce,
    m'ont octroyé les fauves des champs, et de faire
    vénerie m'ont ordonné... des (lions)
53. vigoureux, du haut de mon char découvert, avec mon
    courage intrépide, dans l'attaque de ma vaillance,
    je (les) tuai avec la pique.

§ 10

54. En ce temps-là, le rempart au grand remblai qui exis-
    tait avant ma seigneurie, et que autrefois les rois
    anciens mes prédécesseurs
55. construisirent, avait faibli et Aššur uballiṭ, patési d'Aš-
    šur, le reconstruisit et de nouveau il avait faibli ;
    (moi) Tukulti Ninip,
56. patési d'Aššur, fils d'Adad nirari, patési d'Aššur, net-
    toyai son emplacement et atteignis jusqu'au fonde-
    ment, et ses fondations sur des blocs

57. *šade-e dan-ni ad-di 300 .... a-na 20 libnâte DA-*
    GAL iš-tu KI-SA *eli maḫ-ri-i-šu muḫ-ḫi-šu*

58. *u-rad-di u-te-bir iš-[tu uš-ši-šu] a-di gab-dib-šu ar-*
    ṣip u-šek-lil eli maḫ-ri-i

59. *u-si-me u-šar-riḫ TAK .... ni* aš-ku-un *TAK na-*
    ru-a (meš) ša šarrâ-ni abê-ya maḫ-[ru-te]

60. *šamnê ap-šu-uš niqê [aq-q]î a-na aš-ri-šu-nu u-tir*
    rubu-u arku-u e-nu-ma
61. *dûru su-u u-šal-ba-[ru]ma e-na-ḫu an-ḫu-su lu-uš-*
    diš TAK na-ru-a (meš)
62. *iš-tu aš-ri-šu-nu la-[a u]-šam-sak šamné lipšuš niqê*
    liq-qi a-na aš-ri-šu-nu
63. *lu-te-ir Aš-šur (ilu) Adad iq-[ri]-be-šu i-še-mu-u ša*
    šuma šat-ra u-pa-ši-ṭu u TAK na-[ru-a (meš)]

64. *iš-tu ašri-šu u-šam-sa-[ku] Aš-šur (ilu) Adad šum-*
    šu u zîr-šu ina mâti lu-ḫal-li-qu

---

65. *Araḫ APIN ûm 9 (kam) li-mu* ❙ *Na-'-di ilu šakin*
    (mât) Kum-mu-ḫi

---

57. de montagnes solides je jetai ; de 300 (couches) de
    20 briques de largeur (chacune) depuis le *kisa,* de
    plus que son aîné au-dessus

58. je développai et renforçai — Depuis la base jusqu'au
    sommet je construisis et achevai. Plus que le pré-
    cédent

59. je l'ornai, je le rendis énorme. Des pierres x je plaçai,
    les pierres à légendes des rois mes pères et prédéces-
    seurs

60. j'oignis d'huile, et je sacrifiai des victimes, — je les
    remis en place. — Un prince futur, quand

61. ce rempart vieillira, faiblira, s'il restaure sa ruine, les
    pierres (à légendes)

62. de leur lieu qu'il ne les éloigne pas, qu'il (les) oigne
    d'huile, qu'il sacrifie des victimes, en leur lieu

63. qu'il les replace, et Aššur et Adad exauceront ses
    prières ; quant à celui qui effacerait le nom écrit, —
    et la pierre à légendes

64. de son lieu éloignerait, Aššur et Adad, qu'ils perdent
    son nom et sa postérité, dans le pays !

---

65. Mois de Araḫsamna, 9ᵉ jour, éponymie de Na'di ilu,
    gouverneur de Commagène —

COMMENTAIRE GÉNÉRAL

FACE

1. A restituer au début [*Ina umešuma šadi*]-*é*, etc. ? Sur l'entité géographique *Naïri*, voir en dernier lieu M. Streck, *Zeitschr. f. Assyr.*, XIII, 57 à 71.

2. *Ušašni* est employé par Aššurnaṣirapal, I Rawl., 27, col. 2, 22, avec le sens de *déplacer* (la tête d'un canal) : *reš nâri šâti ušešnima aḫri*.

6. Cette deuxième guerre dans le Nord-Ouest est provoquée par la situation critique d'un fils d'Ammeba'li. Les points extrêmes de l'expédition paraissent être, d'une part, la ville d'*Udi*, forteresse de Nirdun, dans les défilés du Kašyari (Tûr 'Abdin), (*Uda* dans Aššurn., III, 110), et d'autre part, le pays de *Yate* entre le Subnat et l'Euphrate (*mât Ya-e-ti*, Salm., Ob., 90). Je lus d'abord ces deux noms *(al) Ra-di* et *(al) Ri-ḫi-e-te (?)*.

7. On peut hésiter un moment entre deux lectures : *Ša GUD (meš)-šu LU (meš)-šu* et *ŠA-GA (meš)-šu ŠA-ŠU (meš)-šu*. Cf. l'annotation de la ligne 14 à *alik*.

9. *Šuturuti* paraît être pour *šuturti*. Cf. *ta-na-tu(?) kiššutiya šu-tur* (var. *tu-ur*)-*te* (Aššurn., II, 6).

10. Il n'est pas inouï que l'or soit mentionné après l'argent, cf. *infr.*, 70. La désinence *na* dans *GUŠKIN-na* est plutôt singulière dans ces sortes de textes. — La suite se présente aussi comme *GAR (meš)-šu KAŠ (meš)-šu*, mais cette lecture est à rejeter.

13. *Ilu milku*, éponyme de l'an 886, est le *quatrième* du règne si l'on tient compte de l'éponymie royale. La liste déjà connue donne *Ilu milki*. Les *trois* premiers

paragraphes de notre texte correspondraient donc aux *trois* premières années, et à trois campagnes, dont deux en Naïri et l'autre qui débute par *ina lib nirib*... probablement dans le Kurdistan persan.

14. Voir plus haut le texte que notre roi a laissé dans les grottes où le *Subnat* prend sa source. Cf. Eb. Schrader, *Die Keilinschriften am Eingang der Quellgrotte des Sebeneh-Su* (1885), et quelques renseignements géographiques supplémentaires dans Streck, *Zeitschr. f. Assyr.*, XIII, p. 92-93.

Le *Sebeneh-Su* coule du nord au sud et se jette dans le Tigre près Diarbékir,

Alik pour *ana*. Nous prions qu'on remarque une fois pour toutes que le scribe a commis çà et là quelques erreurs, omissions de clous, de signes, de syllabes. Le texte très finement écrit (notre planche le donne grandeur nature) devait fatalement, à certains moments, s'agiter sous ses yeux, et parfois le dérouter. Dans cette ligne 15, il ne peut y avoir *ana šad Kašyari attaballcat*, ce verbe se construisant toujours avec un régime direct, quand il signifie « franchir ». D'ailleurs, par raison géographique, il y a impossibilité, soit à l'aller, soit au retour d'une expédition, de toucher successivement *nâr Subnat, šad Kašyari, bît Zamâni*, mais bien *šad Kašyari, bît Zamâni*, et enfin le but de la présente expédition *nâr Subnat*. D'où *ana mât* .... [*ša šiddi*] *nâr Subnat a-lik šad Kašyari attaballcat*, etc. — (A noter aussi, une fois pour toutes, l'alternance continuelle bien qu'injustifiée de la 1ʳᵉ et de la 3ᵉ personne dans les verbes.)

(*šad*) *Kašyari* le Ṭûr-'Abdîn de nos jours. Cf. Streck, *loc. cit.*, p. 82 à 88.

La ville de *Pa-an* ... ou *Parṣu* ... n'est pas signalée ailleurs dans *Bît Zamâni*. — Il faut restituer *Ammi ba'li* à la fin de la ligne. Ce prince, présentement l'ennemi des Assyriens, tout à l'heure vaincu,

deviendra ensuite leur allié fidèle jusque sous Aššur-
naṣirabal, II, 118-119. Notons que plus haut, l. 4-5,
un fils de Ammiba'li semble déjà faire cause commune avec notre roi.

15. *Mâr Zamâni* « le zamanéen, l'homme de la maison de
Zamâni ». Le pays de ce nom : *Bît Zamâni* avait
pour résidence royale sous Aššurnaṣirapal la ville de
Amedi, soit Diarbékir. Cf. Streck, *loc. cit.,* p. 71
à 82.

25. L'idéogramme PAP, KUR sollicite dans ce contexte
ses valeurs *aḫu, naṣiru,* et répugne à celle de *nakru.*
Tadnuni = tandanuni, taddanuni.

26. Cette ligne présente de grosses difficultés de lecture,
encore que le sens général se laisse fort bien deviner.
On lit : *Tukulti Ninip ib-na-a-ta ra(?)-me-ni-šu-te
ṣi-ru-te.* Est-ce : *Tukulti Ninip ibnâ itti rameniꞩu*
« le roi produisit de lui-même », comme Sennachérib
se vante d'avoir agi *(ina) niklat ramâniya* (Meissn.,
Rost. *Sanh.,* p. 98, 6)? L'embarras naît de la suite.
Que faire de *te ṣi-rute?* Est-ce l'art de graver, lire,
écrire, qu'un roi assyrien, longtemps avant Assur-
banipal, (I, 31-34, et Lehm., Šamaꞩ šum ukîn
pl. XXXV, 17) aurait appris ?

Je pense qu'il faut restituer, en tenant compte
d'une distraction du scribe, *tanâta lime kiꞩꞩute ṣi-
rute.* Le roi fait rédiger les tablettes commémoratives
de ses exploits, pour les placer dans les monuments
publics. D'où : *anaku almid* (pour *almad) ina êku-
ratya(?) IM [DUP (meꞩ)] ni(?)...*
Une lecture *dupꞩar-ya* me paraît peu probable.

27. *(ilu) NUN-NAM-NIR = Aššur,* cf. Aššurb., III, 33,
et *Rec. de Trav.,* XXII, Note LII (1), ligne 5.
Bâb masḫupi pour *bâb nasḫapi(?).*
Au lieu d'argent, c'est tout son butin de cuivre
que Téglatphalasar II donne au dieu Adad (IV, 3).

28-29. *2-ta qata + 1-it qata.* Il ressort nettement de cette
totalisation que *qata* a la valeur d'*un tiers.* Cf. Weiss-

bach, *Zeitschr. der D. M. G.*, LXI, p. 380-381 :
2 ŠU + MIN = 2/3. A lire ici *šitta qata ištenit qata.*

30. *Ina araḫ Tešrit.* La campagne présente (soit la cin-
quième) a lieu la même année (soit la quatrième) que
la campagne contre Ammeba'li, l'une fin mai, l'autre
commencement d'octobre.

Aššur est rendu par 𒀸𒋩𒀸, de même
infr. 41.

Matâti Kirrûri. Le pluriel *matâti* se trouve aussi
ailleurs, Rm., 187 (Bezold, *Catal.*), mais la forme
longue de la 2ᵉ syllabe : *Kir-ru-u-ri* est nouvelle.
Streck et d'autres placent le défilé de Kirrûri au col
de Rowandouz, entre la ville de ce nom et Ouchnéï,
appelé encore col de Kelichin (*Zeitschr. für Assyr.*,
XIV, 158 à 160).

34. *Aḫlup* de *ḫalapu*, glisser en rampant, vulg. se faufiler.
Cf. Del., *HWB.*, 277, 278.

35. Pour l'expression *alâni ša .... mât Lullu ukalluni*,
cf. *KB.*, p. 92 (Aššurn., I, 24, note, l. 45).

Le pays de Lullu, comme celui de Naïri, avait des
frontières incertaines pour les Assyriens. Cf. sur sa situation géographique, Streck, *Zeitschr. für Assyr.*,
XV, p. 289 à 295.

38. *Muštaprišu* pour *muttaprišu*, cf. Aššurn., I, 49 avec
les deux variantes.

40. *Riḫute(šunu)*, rac. רוח ou ריח, « les restants » ou « le
reste ».

A[na] šuzub... Le scribe a omis *na.*

41. Nouvelle campagne au 26 Nisan. Nouvelle année, celle
de l'éponyme *Na'di ilu*, année de la rédaction de
notre tablette (le 9 de Araḫsamna). Na'di ilu, d'après
la suscription, était gouverneur de Commagène. Or
il se trouve que dans la liste des éponymes c'est *Ya-
ri-i* qui succède à Ilu milki, comme éponyme ; à Yarî
succède *Aššuršezibani. Yarî* et *Na'di ilu* sont-ils un
seul individu ? Il faut le croire, soit que ce person-
nage ait porté successivement deux noms, soit qu'il y

ait erreur chez le rédacteur des listes éponymiques.
Il est bon de remarquer que dans 𒂍𒐊𒀪𒀸𒂍
Y-a-ri-i, le premier signe a précisément la valeur
idéographique de *Na'di*. Je ne me charge pas de ré-
soudre à fond cette **difficulté**.

La lecture *ṣal-li-li* est des plus douteuses. Sous
un certain aspect, on croit voir les signes *EDIN-na*
ou *ṣéru* « la plaine ».

Mid-di remplace constamment *middak, maddak*
des autres textes. Est-ce une abréviation populaire,
ou le signe *di* aurait-il aussi une valeur *dak* ?

42. *(nâr) Tartara.* Le nom de ce cours d'eau n'a donc pas
changé depuis la haute antiquité. Les Arabes l'ap-
pellent encore *Tharthar, Sarsar, Thirtar*. Il prend
ses sources aux monts Sindjar et va se perdre assez
bas dans les déserts marécageux, direction de Hit.
Notre roi contourne ses bouches pour gagner le Tigre. Ses eaux, comme celles des sources voisines,
sont très saumâtres, principalement pendant la saison sèche. La ville de Ḥaḍra était située sur ses rives
moyennes. Le majordome Bêl Ḫarrân bêl uṣur, y
avait fondé une ville qu'il appela de son nom, sous
Téglatphalasar III. (Sa statue fut retrouvée à Tell
Abta sur le Tartar. Cf. *Une saison de fouilles à
Sippar*, p. 15 et 17, et pl. I.)

Il n'est pas ridicule de penser que cette région
inhospitalière, au fleuve mystérieux dont l'embou-
chure semble être sous terre, a fourni le nom du
Tartare à la mythologie classique.

Deuxième campement sur la rive droite du Tartar.
On puise de l'eau : *kima (giš) NU-ŠAR mé ...
iḫtubu*. NU se distingue difficilement de TAR et
ŠAR a la forme de EZEN. Notre lecture implique
encore qu'il y a une inversion *(giš) NU ŠAR* pour
NU (giš) ŠAR. Reste une grande incertitude.

L'eau ainsi puisée ne me paraît pas être celle peu
potable du Tartar qui restait à portée de la main

sans qu'il fût besoin de le signaler, — mais celle des
fosses creusées dans le désert, pour recueillir l'eau de
pluie, à l'usage surtout des troupeaux. Entre Pa-i-
Poul sur la Kerkha et el-'Amâra sur le Tigre, ces
cavités n'avaient plus que très peu de liquide croupi,
quand j'y passai mourant de soif, aux premiers jours
d'avril 1903. Au Nord, la sécheresse sévit plus tard, et
ces réservoirs offraient encore un breuvage sain, dans
les premiers jours de juin de la même année, lors de
mon passage du Sindjar au Ḥabur. Dans un texte
assez analogue au nôtre, Aššurbanipal dit (VIII, 102-
104) : *ina eli gubbâni ša mê attaddi ušmanni umma-
nâteya mê ana maštitišunu iḫbu*, « Près des citernes
d'eau je jetai le camp, et mes soldats puisèrent de
l'eau pour leur breuvage. » Le nom assyrien de ces
fosses est donc *gubbu*.

Muše kali-šu. Je lus d'abord *muparkû* « avec
cesse », puis *mu paršu* « eau sale » et *muparšu* « en
volant ». Ne serait-il pas plus satisfaisant d'admettre
l'omission de [signe cunéiforme] après [signe cunéiforme] par le scribe ? Le signe
kak apparaît plutôt que *par*, *maš*, et nous obtenons
un contexte analogue à *infr.*, 48, *mê kal ume u muše
iḫtubu*, et 63, *mê muše kal ume iḫtubu.*

43. 470 [signe cunéiforme] *(meš)*. Ce signe n'est pas DI, ŠUL, toujours
ainsi fait : [signe cunéiforme]. Ce qu'il désigne est en rapport avec
l'action *uḫtappi;* cf. *infr.*, 48, *narê atamar battu-
battešina* [signe cunéiforme] *(meš) uḫtappi*, et, semble-t-il, avec
l'alimentation *(ibid.)*, U-A *(meš) ma'dâti* « beaucoup de nourriture » ; il accompagne aussi le travail
d'approvisionnement en eau. *Uḫtappi* se dit pour
« détruire, renverser », *Chron. Babyl.*, B., 1, 28,
(al) Šabarâ'in iḫtepi; II, 25, *(al) Ḫirimma u (al)
Ḫararatum iḫtepi.* Gilgam., Ep., X, col. III, 38,
tuḫtappi šut abnê; 39, *šut abnê ḫuppuma.* Dans cette
région, il ne peut s'agir de *silos* que l'on fouillerait
pour y prendre du blé. [signe cunéiforme] serait-il [signe cunéiforme] ou [signe cunéiforme]

maškanu « dépôt », Brunn., 9614 ? Si le signe en question est ⟨𒄩⟩, on aboutit au sens de *ḫurru* « tanières, terriers », d'où on aurait délogé le gibier.

GAZ-ak = iduak, aduak au parfait, comme *iduk*. Cf. *infr.*, 50, *a-duk. Iduak, aduak* est pour *iduk*, etc. Cf. Streck, *ZA.*, XIX, p. 245-246.

44. Le roi marque que jusqu'alors il n'avait pas bu d'eaux amères, voulant insinuer que durant les quatre jours suivants, il allait être privé d'eau douce. A la ligne 46, on note de nouveau la présence d'eau douce. — Pour *mê marru*, cf. *aštatî mê marrâti*, IV Rawl., 59, n° 2, 24.

Le quatrième jour de la campagne, on gagne le désert et la *troisième* halte a lieu sur le 'Tartar qu'on retrouve au bord d'une boucle. On suit encore les rives pendant *quatre* jours.

46. On se livre à la chasse du buffle ; on tourne les bouches du Tartar, qu'on laisse après avoir fait des provisions d'eau. On se dirige sur l'Est, vers le Tigre.

47. *Ḫamate*, pays difficile, pourrait tirer son nom de la chaleur ou d'un nom d'insecte. A remarquer qu'il n'est pas précédé de déterminatif. De même, *Margani* se trouve être le nom d'une plante aromatique *(giš SIM) mar-gan-nu*, K., 165, Rev. 14. En fait, l'armée y trouve des canaux, des subsistances.

48. Cf. Comment., 43. Les terriers (?) ne sont pas dénombrés cette fois ; l'apposition de *U-A (meš) (ipré) ma'dûti* semble bien impliquer que ces provisions résultent de l'action *x uḫtappi*.

49. Vers le 10ᵉ jour, on atteint sur le Tigre le pays de *Utu'ate*, et en particulier *al Qabranišunu* « leur nécropole (?) ». Bataille et pillage. Ce groupe ethnique paraît être araméen, et identique aux *Itu'ai, Utu'ai*. *Qabrani* ou *Kaprani*, villages ou tombes ? Cf. Streck, *Z. f. Assyr.*, XIX, 247-248 : *(al) Matiatu adî (al) Qabraniša*, Aššurn., II, 89. (Cf. Streck, *Beitr. z. Geogr. Vorderasiens, MVG.*, 1906, 3, p. 26-27.) Il

faut donc situer cette peuplade sur le Tigre, peu en aval de Samarra, sur la rive droite. Environ trois jours après ce fait d'armes, on atteint *Dâr Kurigalzu* qui est *Aghergouf*, du rayon de Bagdad.

51. *Ina lâ ṣat pani,* « sans issue du regard » ou « à l'aveuglette, sans perspective ». On est ignorant du chemin, et on avance sous bois, *lib kišti.* Ces bois sont plutôt des taillis, des fourrés avec arbustes de câpriers, de réglisses et de saules.

52. Le roi campe à Aghergouf (Dûr Kurigalzu), après avoir traversé un pays dont il fait remarquer la fertilité *lib kišti.* L'ensemble de la région qu'il va envahir en quittant Aṣuṣi, ne porte aucun nom, ni celui de Karduniaš, ni celui d'Accad. Il est à noter qu'il n'est question d'aucun fait de guerre ou d'hostilité. L'Assyrie s'étendait-elle jusqu'à *Sippara ?* D'après l'*Histoire synchronique,* col. III, la frontière avait été bien délimitée entre le père de notre roi et les souverains de Babylonie. Adad nirâri II ayant, en effet, battu Šamaš mudammiq, roi de Karduniaš, puis le successeur et meurtrier de celui-ci, Nabû šum iškun, — on s'entend pour fixer les frontières, depuis Til bari au-dessus du Zab, jusqu'à Til ša Batâni et Til ša Zapdani. On verra que, quelques années plus tard, la situation était bien changée. Aššurnaṣirapal, fils de notre roi, est reçu en 879 à Sûri, une étape en amont d'Anat, par les soldats de Nabû apal iddin, roi de Babylonie, qui mettent brusquement fin, par leur résistance, à la randonnée du monarque assyrien.

(nâr) Patti (ilu) Bêl (EN). Pa-at-ti fixe la lecture de ⟨[cuneiform]*-ti* « le canal » de Bêl. On trouve une fois le même nom *(nâr* ⟨[cuneiform]*-ti (ilu) EN-LIL* dans *Babyl. Exped.,* XVII, 1 (Radau) *Lett.,* 28, 11. C'est le *nâr Malka.*

53. Entre *Dûr Kurigalzu* et *Sippuru* (Aghergouf et Abou-Habba) l'armée fait une halte sur le Patti Bêl, sans

doute à cause de la difficulté du transbordement. J'ai
fait plusieurs fois le voyage de Bagdad à Aghergouf
et de là à Abou-Habba, en *une seule* étape, sans
marche forcée, à cheval.

(*àl) Sippuru ša Šamaš.* Une distraction du scribe
lui fait répéter ces neuf signes. La ville est des plus
connues. J'y ai pratiqué des fouilles en 1893-1894. —
On disait donc *Sippar, Sippur* et *Sippir.* Pour le
premier, cf. Brunn., 7902; pour le dernier, la légende de Šutruk Naḫḫunte sur la stèle de Naram-
Sin et Brunn., 7902 : *Sippirû* « le Sipparénien ».
Tukulti Ninip y aura fait ses dévotions au dieu
Šamaš, avant de gagner l'Euphrate. On se trouvait
éloigné à quelques heures de ce fleuve. C'est le point
extrême de l'expédition, du côté de Babylone qu'on
aurait pu atteindre en deux jours.

54-59. *A-na ŚAG*, cf. *infr.*, Rev. 1, et Aššurn., III, 16, *ina
ŚAG (al) Anat.* De la ville de Salate sur l'Euphrate
(rive gauche), latitude de Sippar (Abou Habba), jusqu'à *It (Id)*, Tukulti Ninip fait halte, en face de Dûr
balaṭi (rive droite), à Raḫimme (rive gauche), en face
de Rapiqu (rive droite), à Eqil Kabsite sur le fleuve
(rive gauche), à Dayašeti (rive gauche). (Il existait
plusieurs villes du nom de *Dûr balaṭi* (Šamši Adad,
I, 48) et *Rapiqu*, cf. Streck, *Beitr. zûr Geogr. Vorderasiens, MVG.*, 1906, 3, p. 36-37). Au parcours,
les voyageurs modernes ne mettent pas moins de
promptitude.

59-60. On arrive en face d'une ville (rive droite) du nom de
 ⸢𒀀𒅎⸣. C'est l'idéogramme du fleuve qui se lit IT ou
ID. L'idéogramme ⸢𒀀𒅎⸣ *iddû* « l'asphalte non liquide » aurait rendu le même office. Il s'agit donc de
la ville moderne de *Hit.* En ce temps, elle était déjà
fameuse par ses sources de bitume *rîs êni ša kupri.*
La pierre *uš-me-ta* ou *uš-šip-ta* qu'on y trouve ne
peut être que du gypse brillant, souvent veiné de
poix et de cristaux de soufre. Les dieux y rendaient

des oracles. Est-ce dans un sanctuaire, ou près du gisement de ces pierres ? La *voix des dieux* indique sans doute le gargouillement qui se produit quand, des grottes gypseuses en forme d'entonnoir, eau et pétrole s'échappent. Pour ces éruptions, voir Kugler, *Sternk.*, II, p. 117 et suiv.

Rawlinson écrit, d'après Peters (*op. infr. cit.*, p. 163) : Every one of springs maketh a noise like a smith's forge in puffing and blowing out the matter, which never cesses night or day, and the noise is heard a mile off, swallowing up all weighty things that come upon it. The Moors call it « the mouth of the hell ». Remonter directement à la cause première, là où l'explication par les causes immédiates fait défaut, était chose commune chez les anciens. Dans le Code de Hammurabi, quand la peste ou une autre force majeure enlève un bœuf, c'est « Dieu » qui l'a tué (§ 249).

Le nom de *It* est resté invariable, au cours des siècles. Cf. Isid. Characeni, edit. Car. Müller, *Geogr. graeci min.*, I, p. 249 [1], Annot., col. 2 : « εἶτα Ἀείπολις hodie Hit (33° 38′ 8″ lat. ; 42° 52′ 15″ long. Gr.) ubi etiamnunc bitumen scatet. Apud Herodotum, I, 179 (unde sua Stephanus Byz., v. Ἴς et Herodian. De dict. solit., p. 19, 4) urbs vocatur Ἴς, fluviolum habens cognomen. Ac nisi fallor idem nomen etiam

---

1. Σταθμοὶ παρθικοί, ed. Muller, p. 248 :

Παράκειται δὲ τῇ Φάλιγα κωμόπολις Ναβαγάθ καὶ παραρρεῖ αὐτὴν ποταμὸς Ἀβούρας ὃς ἐμβάλλει εἰς τὸν Εὐφράτην· ἐκεῖθεν διαβαίνει τὰ στρατόπεδα εἰς τὴν κατὰ Ῥωμαίους πέραν. Εἶτα Ἄσιχα κώμη σχοῖνοι δ′. Ἔνθεν Δοῦρα Νικάνορος πόλις, κτίσμα Μακεδόνων, ὑπὸ δὲ Ἑλλήνων Εὔρωπος καλεῖται, σχοῖνοι ς′. Εἶτα Μέρραν ὀχύρωμα, κωμόπολις, σχοῖνοι ε′. Εἶτα Γιδδὰν πόλις, σχοῖνοι ε′. Εἶτα Βηλεσὶ Βιβλάδα, σχοῖνοι ζ′. Ἔνθεν νῆσος κατὰ τὸν Εὐφράτην, σχοῖνοι ς′· Ἐνταῦθα γάζα ἦν Φραάτου τοῦ ἀποσφάξαντος τὰς παλλακίδας, ὅτε Τηριδάτης φυγὰς ὢν εἰσέβαλεν. Εἶτα Ἀναθὼ νῆσος κατὰ τὸν Εὐφράτην σταδίων δ′, ἐν ᾗ πόλις, σχοῖνοι δ′· μεθ' ἣν Θιλαβοὺς νῆσος κατὰ τὸν Εὐφράτην. Ἔνθα γάζα Πάρθων, σχοῖνοι β′. Εἶτα Ἴζαν νησόπολις, σχοῖνοι ιβ′. Εἶτα Ἀείπολις ἔνθα ἀσφαλτίτιδες πηγαί, σχοῖνοι ις′. Ἔνθεν Βεσήχανα πόλις ἐν ᾗ ἱερὸν Ἀτάργατι, σχοῖνοι ιβ′. Εἶτα Νεάπολις παρὰ τὸν Εὐφράτην, σχοῖνοι κβ′. Ἔνθεν διαβάντων τὸν Εὐφράτην καὶ Ναρμάλχαν ἐπὶ Σελεύκειαν τὴν πρὸς τῷ Τίγριδι, σχοῖνοι θ′.

apud Isidorum reponendum est; nam εἶτα Ἴς πόλις facillime potuit abire in εἶτα ἀείπολις, etc. » Rawlinson, dans son Commentaire du passage d'Hérodote, en rapproche le pays de ⌯, dont l'offrande consiste en bitume ⌯,faite à Thoutmès III (Dum., *Oas.*, 1). Il s'y agit, en réalité, d'huile de cèdre, et certainement du pays d'Asie (cf. Max Müller, *As. et Eur.*, p. 281).

Autres lectures du nom : Ἰδι(κάρα), Ptol. V, 20; Δά(κιρα), Zosim., III, p. 165; *Dia(cira)*, Amm. Marc., XXVI, 2; J. Peters décrit à son tour, le dernier, la ville de Hit avec beaucoup de détails dans *Nippur or Explorations and Adventures on the Euphrates*, p. 159 à 164.

A l'occasion de la première mention du nom de Hit dans les textes assyro-babyloniens, — près de cinq cents ans avant Hérodote, — nous ne pensons pas déroger aux habitudes austères de la science, en joignant à notre texte *(ad calc.)* une vue du Hit moderne, due au crayon impeccable de J. de Morgan (1900), vue qui reproduit sans doute assez exactement l'aspect d'une ville euphratéenne de l'époque de Tukulti Ninip II.

62. *Usallim*, prés, — marais, — mouillés, — palustres, — flottés, — marennes ou pâturages mouillés, selon les pays.

 Attaiš, de *nuâšu* synonyme de *aláku* (Del., *H WB.*, p. 454). Cf. *infr.*, Rev. 4.

63. Une étape se prépare à travers le désert *(huribtu)*, on fait des provisions d'eau. Il ne s'agit pas d'un désert inhabité et fertile, mais d'un désert aride et stérile *ašar lassû sihit ina ugari* « où il n'est pas de fourrage dans les champs ».

 Sihit est synonyme de *imru* « fourrage ». Cf. Del., *H WB.*, à ce mot.

65. *Hudubili*, nom de lieu, rappelle le nom de personne *Hudibbela*, *Babyl. Exped.*, XV, 32 *a* et XVII, p. 147.

66. A noter l'inconstance du scribe qui écrit dans la même
ligne, une fois *Sabirite* et une fois *Sabirutu* (attrac-
tion phonétique?). Cette ville était sur une île. Ce
pourrait être celle que les cartes modernes signalent
un peu en aval de *Me'adid*. L'île de *Haditha* est trop
éloignée de Anat pour que de cette ville on puisse
l'atteindre en deux étapes. Cependant le nom de
la ville riveraine de Sabirutu *(Zadidânu)*, éveille
comme un écho de *Haditha*.

67. L'avant-dernière halte avant *Anat* a lieu devant la ville
de *Sûri* (rive gauche), sous l'île de *Talbis* (var. *Tal-
mes*). Les noms sont restés invariables. Car. Müller
(*ibid.*, p. 249) dit : « Duobus post Anatho (il descend
le fleuve) schoenis insula sequitur, quam Chesney in
mappa *Telbes* vel *Anatelbes*, in libro suo (I, p. 53)
Tilbus vocat. Haec igitur nostra (il veut dire Isidore
de Charax, cf. *supr*.) est Ὀλαβοὺς vel, ut ego levis-
sima mutatione scribendum puto, Θιλαβοὺς. Vetus-
torum habet ruinas aedificiorum. Cum utraque fluvii
ripa ponte juncta erat cujus supersunt rudera. Am-
miano Marc., XXIV, 2, 1, vocatur *Thilutha*. Ita habet : « Quibus tali casu patratis (prope Anatham) ad
castra pervenimus nomine *Thilutha,* in medio flu-
minis sita, locum immenso quodam vertice tumescen-
tem et potestate naturae velut manu circumseptum
humana. » Zosimus (III, 15) memorat quidem insulam, in eaque φροὑριον ὀχυρώτατον, nomen vero non
apponit.

» Prope insulam in Euphraten influit *Sur,* qui est
Σαοκόρας Ptolemaei, V, 17 (34° lat.). » (Wadi-Sur en
face de Talbiš, rive gauche. Notre texte met la ville
de *Sûri* sur la même rive; il a l'habitude de le dire
explicitement, quand une ville est située sur la rive
droite.)

Pour en revenir aux Assyriens, c'est à Sûri que le
successeur et fils de Tukulti Ninip sera arrêté dans
son expédition, en sens inverse de la nôtre, par les

princes du pays et par l'armée babylonienne. Aššurn., III, 16-27.

69. La ville et l'île de *Anat* ont aussi gardé leur nom jusqu'à ce jour sans corruption. Aššurnaṣirapal écrit *An-at*, III, 16-17, qu'on avait lu à tort *Il-at*. Cf. Car. Müller, *op. cit.*, p. 249 : « ᾿Αναθὼ insulam ante Isid. Charac. nemo memorat. Ptolemaeus, V, 17, p. 377, locum qui ex adverso insulae situs erat dicere videtur Βέθ-ανα. Ammianus XXIV, 1, 6, ita : « Anatham munimentum ... quod ut pleraque alia circumluitur fluentis Euphratis ». Zosimus, III, 14, insulam memorat, non addito nomine : ... εἴς τι χωρίον..... ἦν δὲ καταντικρὺ ἐν τῷ ποταμῷ νῆσος ἔχουσα φρούριον ὑπὸ πλείστων οἰκούμενον. Theophylact. Sim., IV, 10 ; V, 1 : τὸ ᾿Ανάθων φρούριον. Castellum insulae Arrianus in Parthicis suis Τύρον appellasse videtur; nam Stephan. Byz. verb. Τύρος : ᾿Αρριανὸς δὲ τὰ ῎Αναθα Τύρον καλεῖ. Praeterea *Anath* habes apud Isztachri, p. 79, ed. Mordtmann, Edrisium, t. II, p. 138, 142, ed. Jaubert. De hodierno loco vide Ritter, XI, p. 717 et seq. Le Τύρος d'Arrien peut être Τύχος, soit *Suḫi,* car Anat s'appelait dans notre texte *Anat ša (mât) Suḫi,* du nom de la province, par opposition à d'autres villes du même nom dans d'autres régions.

De It à Anat, Tukulti Ninip II a donc pris ses campements sous Ḫarbie (rive droite) ; dans le désert montagneux (rive gauche); à Ḫudubili (rive gauche); entre Zadidâni et l'île de Sabirite ; à Sûri, en face de l'île de Talbiš.

70. On campe à Anat, où le roi reçoit les tributs du pays de Suḫi.

Notre préfet de Suḫi, *Ilu ibni,* vivait encore au commencement du règne de Aššurnaṣirapal et fit le voyage de Ninive avec sa famille, porteur de cadeaux en argent et en or : *Ina lime šatti šumiama ina kibit Aššur bêli rabî beliya u Ninib râmu šangâtiya ša*

*ina tarṣi šarrâni abê-a (amil) sakin (mât) Suḫi ana
(mât) Aššur la illikuni Ilu ibni (amil) šakin (mât)
Suḫi ana šuzub napšâtišu adi aḫîšu marêšu kaspa
hurâṣa madatušu ana Ninua ana eli-ya lu ubla.*
Cf. Le Gac, Aššurn., pl. 37-38, l. 99 à 102 (texte
revisé).

Le successeur de Ilu ibni en 879 se trouve être
Kudurru qui, ligué avec Nabû apal iddin, livre bataille à Aššurnaṣirapal sous les murs de Sûri et est
vaincu (Aššurn., III, 16 à 27). Sous Salmanasar II, le
· prince de Suḫi était Marduk apal uṣur, Obél. Lég., 4.

ŠA = *pidnu (?)*, cf. Aššurn., II, 122, et III, 61. A
noter la place de l'argent cité avant l'or, — dans les
deux textes.

Sini = šinni « os, ivoire ».

71. *Libnâte*, litt. « des briques » de plomb, ce que nous ap-
pelons des *saumons* à forme oblongue, tels que les
fouilles de Suse en ont livré.

4 (giš) qablâte ša (giš) meškanni marque probablement des troncs de *meškanni*, litt. « les parties
du milieu ». Le même mot a précisément le sens de
tronc, *taille* dans le corps humain, *šibbu (aban) TU
ša qablâteša* « la ceinture en pierre *x* de sa taille »
(*Ist. Enf.*, Obv., 54 et suiv., Rev. 41) — et Sennachérib, VI, 5, mentionne les poignards de leurs
qablâte.

Le bois *meškannu, miškannu* reste toujours sans
identification.

73. *Mašqite* « abreuvoir ». 1re étape après Anat.

74. *Ḫarada*, sur la rive droite, appelé *Ḫaridi* par Aššurnaṣirapal qui avait ses campements, comme Tukulti
Ninip d'ailleurs, sur la rive gauche à *Bît Šabaia*,
dit-il, III, 14-15.

75. *Ka-i-li-te*, peu probablement à lire *Pi-ilite*.

76. *Ḫindanu* se montre comme nom de ville dans cette
ligne, et comme nom de contrée plus loin, 79 : *mât
Ḫindana(ya)*, 82 : *mât Ḫindani*. Isidore de Charax,

op. et *ed. cit.*, p. 248, signale à 13 schœnes de Anat un lieu du nom de *Giddan,* Γιδδἀν et Γίδδαν, qui peut être un souvenir de notre *Ḫindanu.* La ville était située sur la rive droite d'après Aššurnaṣirapal, III, 12, et notre texte, *infr.*, 80. Tukulti Ninip reçoit un premier tribut, avant d'arriver à Ḫindanu, des mains de *Amme alaba* (79), puis il prend ses campements. Le successeur de Amme alaba est *Ḫaiáni,* Aššurn., I, 96.

A signaler la forte proportion d'or par rapport à l'argent, 10 à 10. Il s'agit d'or *liqtu.* Cf. l'expression *1 mane ḫuráṣu sakru,* III Rawl., 48, nᵒˢ 5, 17. Les verbes *laqâtu, sakâru* mèneraient-ils au sens de « dense, massif » ?

77. *1 bilat ŚIM-ŚIŚ,* cf. *infr.*, Rev. 25 : *13 bilàt ŚIM-ŚIŚ* et Brunn., 5190, *(giš) ŚIM-ŚIŚ = murru* « la myrrhe » et non *ḫarru, hurru.*

1 šuši BAD (meš). ⊶ *= ḫaṭṭu, ḫuṭaru* (Brunn., 1508, 1509). Parmi les tributs de l'Obélisque de Salmanasar on trouve des *(giš) ḫuṭarate* (Légende 1), *(giš) ḫuṭartu* (Légende 2), « sceptre, tige, bàton ».

10 mana (šam) Zadidu. Le nom de cette plante d'où la ville de Zadidáni *(supr.*, 55) a pu tirer son nom, est synonyme de [ama]*mû* et *guḫlu.* Idéogr. …] *ŚA-ZA-DIM,* cf. Del., *H WB.*, p. 563. *Guḫlu,* avec l'ivoire, les bois *ušu* et *urkarinnu* forment le tribut du roi d'Arabie (Sarg., *Khors.*, 183) ; or, argent, le plus précieux *guḫli,* etc., celui de Ezéchias (Sennach., III, 34, 35).

La pierre *ŚIM-ZI-DA* donne son nom à la montagne *šadé (aban) ŚIM-BI-ZI-DA* dans le pays de Gizilbunda (Samši Adad, III, 3). Les seules pierres offertes par *Ḫaiâni,* le successeur de notre Ḫindanaï, sont la pierre *sammu* et la pierre *GIŚ-ŚIR-GAL* (Aššurn., I, 97), dont l'une ou l'autre peut être notre *ŚIM-ZI-DA,* resp. *ŚIM-BI-ZI-DA.*

78. Unique mention des chameaux, dans nos listes de

tributs. Le successeur Ḥaiâni en présente pareille-
ment au successeur de Tukulti Ninip (Aššurn., I, 97).

(Še) kisutu (meš) ne peut être que *kissatu* « fourrage » (Del., *HWB.*, 344), cf. *infr.*, Rev. 10.

80-82. Dans les *daialate* du désert et de la rive du fleuve,
il ne peut s'agir que d'une racine *daiâlu*, synonyme
de *akâšu*, « prendre au piège, chasser ». Le gibier
est de deux sortes. Dans le désert on tue des *IP-
UR*, on prend leurs petits et des oiseaux ; aux bords
de l'Euphrate on tue des daims et on prend leurs petits. Impossible d'identifier ces *IP-UR*. (Le signe
IP est d'ailleurs douteux et pourrait être LU.) Les
chasses d'Aššurnaṣirapal ont bien d'autres noms d'oiseaux et d'animaux, intraduisibles. Dans les mêmes
régions, ce dernier roi n'a chassé (sur la rive droite)
que des buffles et des oiseaux *MAL-ṢIR* (III, 48-
50).

A noter la forme particulière du signe *dar* (muni
d'un *gunu*) ⊳𝇎. Anciennement la forme simple
et la forme gunifiée existaient déjà. Cf. Thureau-
Dangin, *REC.*, 149-150.

REVERS

1. Le scribe emploie de nouveau l'expression *ŠAG nâri*
(cf. *supr.*, 54) qui, de par le contexte, ne peut signi-
fier que « le côté, la rive » ; il est possible que l'idéogramme de *pûtu* « face, front » devînt un jour aussi
celui de *pâdu* « côté ». Le signe *ZAG* n'est-il pas
commun à *pûtu* et à *pâdu* (cf. Brunn., 6488, 6489) ?

2. *(al) Nagiate*. Similitude de nom avec le *Nagiti ša
ebirtan nâr Marrat* (Sennach. Sm., 40, 10) où Marduk apal iddin se réfugie, appelé aussi *Nagiti ša
(mât) Elamti* (Sennach., IV, 25) et *Nagiti ša qabal
tamdim* (Sennach. Sm., 88, 27) et *Nagitê raqqi ša
qabal ṭamtim* (Sennach., III, 36). Ces appositions

étaient nécessaires pour empêcher la confusion avec notre *Nagiate* de l'Euphrate. Pourtant on trouve une fois *Nagiti*, sans plus, pour le Nagiti élamite (*Rec. de Trav.*, XXIV, *Notes d'Ép.*, LXIV).

(al) Aqarbani, var. *Naqarabani, Naqarabâni*, dans III, 10, 11 d'Aššurnaṣirapal qui campe au même endroit. Je pense qu'on peut y voir Μέρραν d'Isidore, altération de ΓΕΡΒΑΝ ou ΧΕΡΒΑΝ. D'où :

Tukulti Ninip	*Aššurnaṣirapal*	*Isidore*
Anat	Anat	Anatho
Mašqite			insula
Harada	Haridi	
Kailite			Belesibiblada
Hindani	Hindani	Giddan
Nagiate				
Aqarbani	Naqarabani	Merrhan

3. *Mudada*, prince laqéen. Le pays de *Laqî* se trouvait sans doute morcelé en plusieurs districts indépendants. Strabon, XVI, 1, 27, parle de ces chefs : οἱ παροικοῦντες ἑκατέρωθεν τὸν ποταμὸν φύλαρχοι... δυναστείαν ἕκαστος ἰδίᾳ περιβεβλημένος ἴδιον καὶ τελώνιον ἔχει. Notre texte, *infr.*, 6, 11, nomme encore *Harâni*, — celui d'Aššurnaṣirapal, *Azi-ilu, Ilâ, Himti ilu* (III, 38, 45, 46), tous princes laquéens. Cette région s'étendait sur les deux rives. Aššurnaṣirapal dit, col. III, 27, 28 : *nišê (mât) Laqaya, (al) Hindânu (mât) Suhi.... (nâr) Purattu etabru* « les gens de Laqî, Hindanu et de Suhi... ont passé l'Euphrate »; — *ibid.*, 32 : *alâni ša šép annate ša nâr Puratte ša (mât) Laqie ša (mât) Suhi appul*, etc., « les villes de ce côté-ci de l'Euphrate, laqéennes, suhéennes je ruinai, etc. ; — puis, *ibid.*, 37; *alâni ša (al) Hindanaï ša (mât) Laqaya ša šép ammate akšud* « les villes hindanéennes, laqéennes de l'autre rive, je pris », etc. *Hindanu*, capitale des Hindanéens, est dite (plus haut, 1. 80 de notre texte) se trouver sur la rive

droite. — Voir la défaite de la coalition Suḫi-Laqî-Ḫindani, par Aššurnaṣirapal, III, 26-49.

4-13. Après Aqarbani, on campe à *Arbate*, puis à *Eqil kaṣi*, et enfin à *Sirqu*, située sur la rive droite de l'Euphrate. En réalité, on campe sur la rive gauche en face de *Sirqu*. L'annaliste a coutume de dire, dans ce cas, *ina put* « en face de ». Il lui arrive aussi de dire simplement *ina (al) X* « à telle ville », bien que celle-ci soit située vis-à-vis : par exemple, *supr.*, 74, « dans la ville de Ḫarada je campai, Ḫarada est sur cette rive-là (la droite) de l'Euphrate ». Or le roi n'a pas franchi le fleuve.

A Ṣupri (le roi n'y campe pas), on reçoit le tribut de Ḫamataya le Laqéen, qui, nous le verrons plus loin, résidait à Sûri (19-20). Ḫamataya (ou Ḫamataï), nom de tribu, est, dans ce pas particulier, nom d'un individu déterminé. Il suffit pour le prouver, de citer le texte datant de quelques années plus tard, d'Aš-šurnaṣirapal, I, 74 : *kî ina (mât) Kummuḫi usbakuni ṭému ulteruni mâ Sûru ša Bît Ḫadippê ittabalkat* ⚡ (var.) ❘ *Ḫamataï amil šakinšunu iduku Ahiyababa mâr la maman ša ištu Bît Adini ublunišu ana šarrûti*, etc. « Comme je me trouvai en Commagène, on m'apporta la nouvelle que Sûru de Ḫadippê s'était révolté et qu'ils avaient tué « le Ḫamatéen », leur gouverneur. On avait porté au pouvoir Ahiyababa, un inconnu du pays de Bît Adini.... »

On spécifie dans chaque cas que ce *Ḫamataï* est Laqéen, plusieurs villes ou régions ayant pu s'appeler Ḫamat, cf. *supr.*, face, 47, etc. En apprenant l'approche de Tukulti Ninip, notre Ḫamataï de Sûri envoie un premier tribut, en attendant de recevoir le souverain assyrien à domicile. A lire notre document, on remarque qu'en général, les princes tributaires quittent leur résidence et s'empressent, avec des présents, au devant du monarque assyrien qui approche, à lui faire leur cour. Peu toutefois le prirent de si loin que Ḫamataï de Sûri. Cette attitude habituellement trop déférente lui aura coûté la vie, la première année du règne d'Aššurnaṣirapal, II, 118.

Sirqu est la dernière étape, avant le confluent du Ḫabur et de l'Euphrate, près de Rummuni... Malgré que Circesium fût située, rive gauche, sur un point même du confluent, les noms de *Circesium* et *Sirqu* ne seraient-ils pas identiques ? Sirqu désignait non seulement une ville, un point déterminé, mais aussi une région, une principauté. Il est naturel que le nom ait pu rester affecté plus tard à une localité donnée, peu distante d'une homonyme plus ancienne délaissée.

14-15. *Rummunid[u]* ou *Rummulid[u]*. Dans une autre direction se trouvent les *(amil) Rummulutu* (Teglatph. jun., Tabl. d'argile, 6*a*). Notre Rummunidu marque la dernière étape de l'expédition avant qu'elle remonte au Nord, le long du Ḫabur, puisque le lendemain on campe à Sûri, sur le Ḫabur et en amont de l'affluent. Le texte marque du reste que c'est l'endroit du *palgu nâr Ḫabur (?)* « du canal du Ḫabur » (Lecture indécise mais fort plausible, de par le contexte, pour ce dernier mot). Ce canal est-il un bras ou une des bouches du Ḫabur, ou un vrai canal de desséchement ou d'assainissement creusé par la main de l'homme ? Le Φάλιγα d'Isidore de Charax, ville contiguë à Ναϐαγάθ, point de jonction des deux eaux, me paraît être notre mot assyrien *palgu*. Le sens que lui donne Isidore, *op.* et *edit. cit.*, p. 248 (ἑλληνιστὶ μεσοπορικόν), en l'interprétant de la route, est artificiel ; il n'est pas de localité qui ne se trouve au *milieu* d'un parcours ou d'une section de parcours imaginaire.

Le signe *lam* est douteux et s'entendrait ici de l'espace, comme ailleurs, du temps. Pour [*Rummu*]-*ni-rim (?)* le scribe semble avoir aplati le dernier signe afin de corriger une erreur. Dans la ligne 15, les amorces du faux *rim* sont celles du signe *du* ou *tum.*

En quittant Rummunidu on prend la direction du Nord, et on campe le lendemain à Sûri, sur le Habur. Il s'agit de Sûri du pays de *Hadippî*, et non du Sûri *Suhéen*, en face de l'île de *Talbiš* (cf. *supr.*, 67, 68). Ce *Sûri* (notez le *u-u*) existe encore, à mon avis, actuellement sous le nom de *Souâr* sur le Habur. Le voyageur moderne venant de Mossoul quitte le pied du Sindjar, à *Ouardia*, pour gagner, en 10 heures, *Ksaba* ou un peu plus loin *Gonakh*; de là, en 10 heures, il se trouve à *Cheddadi* où il passe le Habur. On suit la rivière, de *Cheddadi*, par *Margaga*, pendant 11 heures, jusqu'à *Souâr*. *Souâr* est à 10 heures environ des bouches du Habur, comme de la ville de *Déir-ez-Zôr*, qu'on atteint en quittant la rivière à Souâr et en prenant la direction Ouest. C'est donc juste *une* étape, comme notre texte lui-même l'indique.

Pour *mâr Hadippé* « le Hadippéen », on trouve aussi *bît Hadippé, bît Hudippé* (Aššurn., III, 8, 29), et comme nom de ville, *Hadippé* (*ibid.*, III, 29).

Quant au prince de Sûri, *Hamataï*, cf. *supr.*, Comment., 4, 5. De ce que Hamataï était laqéen, on ne peut inférer que Sûri fût nécessairement une ville laqéenne, non plus qu'elle ne devînt *bît-adinéenne*, sous Ahiyababa de *Bît Adini*. Il ne faut pas oublier l'instabilité de la gravitation, dans ces petits pays à la merci de voisins plus puissants qui leur imposaient leurs gouverneurs. Cependant la deuxième station après Sûri ša Hadippé était encore dite ville du pays de *Lâqî*, [*Dûr Katlimme*] *ša (mât) Laqie.*

17. *Taphu*, cf. Aššurn., I, 84 (tribu de la même ville de Sûri), *ummaré siparri taphâni siparri hariate siparri.* Toujours cité entre les vases et marmites, *taphu* est signalé cette fois comme une pièce unique *(išten)*. Plus loin, le métal en est d'argent *(infr., 32).*

150 Šumi iḫṣi (habituellement *iḫzi*), ou faut-il lire *150 ŠU miḫṣi ?* Cf. *miḫiṣ = (GIŠ-TAB) ukni*, IV Rawl., 18*, n° 3, rev., col. IV, 17, 18.

18. Cf. *supr.*, Comment., 79. *10 mana (šam) zadidu.*

22. Le scribe paraît avoir omis le mot *aqṭirib*, à la fin de cette ligne. La ville de *Dûr katlimmu (Dûr katlime)* est déjà connue par Aššurn., III, 6.

25. Pour *murru* « myrrhe », cf. *supr.*, Comment., 77.

27. *(al) Qatni*, cf. Aššurn., III, 5. C'est au même campement de Qatni que ce roi reçoit le tribut des *Qat-néens*. *Qamani* (KB.) est une fausse lecture pour *Qa-at-ni*. Cf. Le Gac, Aššurn., pl. 92.

28. *Udae*, cf. *udie bîti*, partie du mobilier, et : *6 udie* (Strassm., III, 371, 2).

29. Le gallinacé *kurkû* est déjà mentionné sur la statue G de Gudéa, IV, 10 : *15 (ḫu) kur-gi(l)* que Jensen rapproche avec raison du *kurkû* assyrien. Evidemment le nom est une onomatopée tirée du cri. Pour le mot assyrien, cf. *šaman kur-ki-e* « graisse de *k.* » (IV Rawl., 26, 46-47 *b*), etc. (Del., *HWB.*, a *mat-kû(?)*, p. 435.)

30. *Ša* (ou *Gar*) fait partie intégrante dans *ša mât Di-kanâya*, et dans 1. 31-32 *(ana-ištu) ša al Dikanni*, puisque Aššurn., III, 3, 4, 5, a trois fois *(al) Ša Di-kanni*. Comment expliquer l'intercalation de *(al)* et *(mât)* dans notre texte entre *ša* et *Dikanni ?*

31-32. *Sadikanni* est le point où Aššurnaṣirapal, venant du Nord, touche le Ḫabur. Tukulti quitte là pour gagner le Nord, par la même route.

33. *Dugga-ete*, peut-être *Ṭâbete (?)*. Pour la restitution *[Ma]garisi* et *[Magari]si*, cf. Aššurn., III, 3. Cf. *(al) Maganiṣi*, Johns, *Deeds.*, n°ˢ 337, 347, 534.

35. *Tabite*, cf. Aššurn., III, 2. Ce roi met 14 jours de Kalaḫ à Tabite. Il pousse de Tabite à Magarisi, d'où il se dirige sur le Ḫabur. Il faut probablement chercher ces deux villes près de la rivière Djaghdjagha, à mi-chemin entre Nisibe et le Tell Kokêb. Tukulti Ninip

passe en sens inverse par Magarisi et Tabite, et, au lieu de gagner Ninive en allant à l'Ouest, il remonte au Nord jusqu'à Nisibe, et au delà vers le Nord-Ouest, à Ḥuzirina.

36-37. *Ḥuzirina,* au pays de Qipani (Aššurn., III, 93), *Cephenia* de Pline, VI, 26, 41, Κηφῆνες d'Etienne de Byz., est donc à *une* étape de *Naṣipina,* dont le site nous est bien connu, l'actuelle *Nisibe.* Il n'existe, en effet, aucune raison de croire que l'annaliste qui nous relate, étape par étape, la longue campagne de son roi, ait cette fois omis de nombreuses stations intermédiaires, pour nous transporter d'un coup dans la région euphratéenne, au sud du Mehrab Dagh. Le texte (Aššurn., III, 92-92) : *ištu Kalḫi attumuš (nâr) Diglat etebir ana (mât) Qipani attarad madatu ša amil pahâte ša (mât) Qipani ina Ḥuzirina amḫur...* (96, etc.) : *ištu Ḥuzirina attumuš šidi nâr Puratte ana elini aṣabat,* est à traduire comme il suit : « Je partis de Kalaḫ, passai le Tigre, descendis au pays de Qipani, le tribut des chefs de Qipani je reçus à Ḥuzirina...; de Ḥuzirina je partis, et *pris la direction des rives de l'Euphrate, vers son cours supérieur.* » Les notes de Streck, *Zeitschr. f. Assyr.,* XIII, p. 105, 106, sont à amender dans ce sens.

Après Ḥuzirina, une autre halte, plus au Nord ou Nord-Ouest, a lieu près d'une ville que le roi a relevée de ses ruines, et que pour ce fait il a nommée : *Tukulti Ninip l'a restaurée.*

37-39. De Tukulti Ninip ana eššute iṣbat, le roi s'enfonce dans des montagnes escarpées, par des chemins impraticables, vers le pays de *Mu-uš-ki.* (Le dernier signe seul est douteux et pourrait être aussi bien *ku.*) Il fallut 4 jours de marche pour atteindre la ville de *Pîru...* Sous Téglatphalasar (I, 53) les Muškaya envahissent la Commagène. Aššurnaṣirapal, I, 74, retour de la montagne Nipur, ayant franchi le Tigre. reçoit les tributs de Commagène et du pays de Muški.

Il faut chercher le théâtre de ces exploits aux environs de Karadja-Dagh. On saccage la ville de *Pîru...*, pille et brûle les moissons. Parti d'Aššur vers mi-avril, nous nous trouvons, mi-juin ou fin juin, dans une région où la récolte est beaucoup plus tardive qu'en Mésopotamie.

A moins de supposer une faute du scribe, il y a bien *Pi-i-ru* et non pas *Pi-tur-ru* (la différence est légère dans l'écriture) qui est situé dans les régions du haut Tigre, d'après Aššurn., II, 104, 112 *(Pituru)*.

Duruku comme *durgu* (cf. *daragu, daraggu*).

Le récit est brusquement interrompu. On regagne Ninive.

45. Mais l'annaliste amorce le récit d'une deuxième campagne, dans ces mêmes parages sans doute, et renvoie, pour ainsi dire, à la tablette suivante, de même que la présente, nous l'avons vu, fait suite à d'autres tablettes qu'elle résume, avant d'aborder le sujet qui lui est propre.

46. Pour l'expression *(ilu) šamši-ya* en parlant d'Aššur, comparez Salmanasar (Obél., 16), se nommant lui-même *šamšu kiššat nišê* (et Monol., I, 5). Naturellement on pouvait omettre dans cette occurrence le déterminatif *ilu*.

47. Ligne précieuse parce qu'elle met en opposition géographique d'un côté *Šubarî,* et de l'autre *Kir(Gil)-zâni* joint à *Naïri*.

Pour *Naïri,* on sait assez approximativement quel en était le site. On trouvera à la suite de Eb. Schrader, le père de la géographie assyrienne *(Keilinschr. und Geschichtsforsch.),* dans Streck, *loc. cit.,* XIV, p. 148, 150, toute la documentation désirable sur *Kir(Gil)-zan.* Ces deux pays tenaient presque tout le Nord de l'Assyrie. Le point extrême opposé, *Šubarî,* ne peut être le Sud. On ne parle uniquement comme butin de choix, dans ces régions, que

de *chevaux*. *Le Nord* seul à cet égard approvisionnait les conquérants assyriens. Il reste plus plausible de penser que *Šubari-Kirzan-Naïri* constitue
une seule ligne septentrionale allant de l'Est à
l'Ouest. Aššurnaṣirapal (*Inscr. off.*, 7) semble retourner la même formule *ušamqit.... matâti Naïri,
(mât) Kirḫi (mât) Šubarie.*

48. Le deuxième signe de *Naïri*, soit *i*, est encore visible
sur l'original.

Les signes *i* et *tu* (ou *te*) de *malqîtu (te)* apparaissent sur le champ de la tablette. (Omis sur le
fac-simile.)

52. [signes cunéiformes] *bâl ṣêri.*

53. [signe cunéiforme] faute du scribe pour [signe cunéiforme].

Pašḫi, cf. *pu-aš-ḫi* (Aššurn., *Chasse*, 11).

57. KI-SA = *kisû* (Meissn., *Rost. Sanh.*, p. 24).

ITINÉRAIRES

Itinéraire de la 6ᵉ campagne de Tukulti Ninip (885).

1. Aššur (26 Nisan) ;
2. Ṣallili (?) (la plaine ?),
      Passage du Tartar ;
3. Tartara (2 jours), rive droite,
      Désert ;
4. Tartara,
      4 jours le long du Tartar ;
5. Bouches du Tartar,
      Ḥamate ;
6. Plaine de Margani,
      Direction vers le Tigre,
      Prise du pays d'Utu'ate ;
7. Aṣuṣi,
      3 jours dans les bois.
8. Dûr Kurigalzu,
      Passage du Patti Bêl ;
9. Patti Bêl ;
10. Sippuru ša Šamaš,
      Direction vers l'Euphrate ;
11. Salate ;
12. En face de Dûr balaṭi, ville de la rive droite ;
13. Raḥimme, rive gauche, en face de Rapiqu, rive droite ;
14. Plaine de Kabsite, sur le fleuve ;
15. Dayašeti ;

16. En face de Ḥit, ville de la rive droite ;
17. Ḥarbie (en face de), ville de la rive droite,
        Prairies sur l'Euphrate ;
18. Désert aride ;
19. Prairies de Ḥudubili, sur l'Euphrate ;
20. Entre Zadidâni (rive gauche) et l'île de Sabirite ;
21. En face de Sûri (rive gauche) et de l'île de Talbeš,
        Direction vers Anat ;
22. En face d'Anat (ša Suḫi), sur une île,
        Tribut de Ilu ibni, préfet de Suḫi ;
23. Mašqite ;
24. Ḥarada (en face de), ville de la rive droite ;
25. Kailite,
        Direction vers Hindani,
        Tribut d'Ammealaba de Ḥindani ;
26. Ḥindanu (en face de), ville de la rive droite,
        Chasses sur la rive et dans le désert,
        Passage des côtes montagneuses ;
27. Nagiate,
        Direction vers les prairies d'Aqarbani,
        Tribut de Mudada le Laqéen ;
28. Aqarbani,
        Direction vers Ṣupri,
        Tribut de Ḥamataï le Laqéen ;
29. Arbate,
        Tribut de Ḥarâni le Laqéen ;
30. Plaine de Kaṣi,
        Direction vers Sirqi,
        Tribut de Mudada le Sirqéen,
        Tribut de Ḥarâni le Laqéen ;
31. Sirqi, ville de la rive droite,
        Direction vers les prairies de l'Euphrate ;
32. Rummuni(du ?), confluent des canaux du Ḥabur et de
        l'Euphrate,
        Direction vers Sûri de Ḥadippe, en amont du Ḥa-
        bur,
        Tribut de Ḥamataï le Laqéen :

33. Sûri de Ḥadippe (Le texte ne dit pas explicitement
      que le roi y prit ses campements),
        Direction vers Usalâ,
        Tribut de X;
34. Usalâ,
        Direction vers (Dûr Katlimme) de Laqi,
        Tribut de Dûr Katlimme;
35. Dûr Katlimme (Le texte ne dit pas explicitement que
      le roi y prit ses campements),
        Direction de Qatni,
        Tribut des Qatnéens;
36. Qatni (Le texte ne dit pas explicitement que le roi y
      ait campé),
        Direction vers Latiḫi, ville šadikanéenne;
37. Latiḫi,
        Direction vers Ša Dikanni,
        Tribut de Ša Dikanni;
38. Dugga-ete;
39. Magarisi;
40. Guriete;
41. Tabite;
42. X;
43. Naṣipina;
44. Ḥuzirina;
45. Tukulti Ninip ana eššute iṣbat,
        Direction vers le pays montagneux de Muški;
46. Pîru... Le 4ᵉ jour, prise et sac de cette ville.

Itinéraire (combiné avec le précédent) de la campagne d'Aššurnaṣirapal en l'an 879 (*Ann.*, III, 1 à 26).

La campagne se déroule en sens inverse et à allure plus rapide. Les chiffres arabes se réfèrent à la campagne de Tukulti Ninip. Les noms en vedette marquent seuls les haltes du campement.

I.   Kalaḫ, 22 du mois de Sivan,
                Passage du Tigre,
                Direction vers Tabite,
                Tributs divers ;

II (41).   Tabite, 14 jours après le départ de Kalaḫ, on
                lève le camp,
                Direction de la rivière Ḥarmeš ;

III (39)   Magarisi,
                Direction du Ḥabur ;

IV (36-37).   Ša Dikanni,
                Tribut de Ša Dikanni

V (36).   Qatni,
                Tribut des Qatnéens ;

VI (35).   Dûr Katlime ;

VII (33).   Ḥadippe,
                Tribut des Ḥadippéens ;

VIII (31).   Sirqi (sur l'Euphrate),
                Tribut des Sirqéens ;

IX (28-29).   Ṣupri,
                Tribut des Ṣupréens ;

X (28).   Naqarabani,
                Tribut de Naqarabani ;

XI (26).   En face de Ḥindanu, ville de la rive droite,
                Tribut des Ḥindanéens ;

XII (25).   Rives montagneuses de l'Euphrate ;

XIII (24).   Bît Šabaia, en face de Ḥaridi, ville de la rive
                  droite ;
XIV (22).   Contre Anat, île de l'Euphrate ;
XV (21).   Sûri (ša Suḥi). Siège, bataille, fin de la cam-
                  pagne.

**Les haltes parthes d'Isidore de Charax (combinées avec
les itinéraires précédents (Ed. Car. Müller, p. LXXXVI)
des bouches du Ḥabur, en aval de l'Euphrate).**

Les chiffres arabes et romains se réfèrent respectivement aux deux
campagnes précédentes.

A (31-32, VIII). Phaliga et Nabagad (Circesium) ;
B.   Asicha vicus (4 schœnes depuis la halte
                    précédente) ;
C.   Dura sive Europus oppidum (7 schœnes) ;
D (28, X).   Merrhan castellum et vicus (5 schœnes) ;
E (26, XI).   Giddan (5 schœnes) ;
F.   Belesi biblada (6 schœnes) ;
G.   Insula, gazophylacium (6 schœnes) ;
H (22, XIV).   Anatho, insula et oppidum (4 schœnes) ;
I (21).   Thilabus, insula, gazophylacium (2 sch.) ;
J.   Izan, insula et oppidum (mod. *el Uzz*)
                    (12 schœnes) ;
K (16).   Is, oppidum (16 schœnes) ;
L.   Besechana (12 schœnes) ;
M.   Neapolis (12 schœnes) ;
N.   Seleucia ad Tigrim (9 schœnes).

LISTE DES NOMS PROPRES

(ilu) Adad, rev. 63, 64.

Adad nirari, rev. 56.

Am-me a-la-ba, 79.

Am-me-ba-'-li, 4, 23, 28.

(al) A-na-at (ša mât Su-ḫi), 68, 69, 73.

(al) A-ṣu-ṣi, 50, 51.

(al) A-qa-ar-ba-[ni], rev. 2, 4.

(al) Ar-ba-te, rev. 6, 7.

Aš-šur, 4, 29 (dieu).

(ilu) Aš-šur, rev. 63, 64.

(mât) Aš-šur, 32, 41, rev. 51.

(al) Aššur (𒀸𒋗𒁺), 30.

(ilu) [Aš-šur ub]alliṭ, rev. 55.

Bi..... fils de Ammeba'li, 4.

(mât) Gil-za-a-ni, rev. 4, (*ou* Kir-za-a-ni).

(al) Gu-ri-e-te, rev. 34.

(al) Da-ya-še-ti, 58, 59.

(al) Dug-ga-e-te, rev. 32 (?), 33.

(nâr) Diglat, 49, 50.

(al) Dûr balaṭi, 55, 56.

(al) Dûr Ku-ri-gal-zu, 52.

(al) Dûr Katlimme, rev. 22 (?), ša mât Laqié, rev. 24, 26.

(al) U-di (?), 6,

(al) U-sa-la-a, rev. 20 (?), 22.

(mât) Ur-ru-up-nu, 31.

(mât) U-tu-'-a-te, 49.

(nâr) Za-ba, 39, 40 (šapli).

(al) Za-di-da-a-ni, 66, 67.

Za-ma-a-ni, 15, 23, 28.

(nâr) Ḫa-bur, rev. 15-rev. 14?

(mâr) Ha-dip-pi-e, rev. 15.

(al) Ḫu-du-bi-li, 65.

(al) Ḫu-zi-ri-na, rev. 36, 37.

Ḫa-ma-te, 47 (?).

(mât) Ḫa-ma-ta-ya, rev. 5 (nom de personne).

(al) Ḫi-in-da-nu, 79.

(al) Ḫi-in-da-ni, 76, [82 mât].

(mât) Ḫi-in-da-na-ya, 79.

(al) Ḫar-bi-e, 61, 62.

(al) Ḫa-ra-da, 74, 75.

Ḫa-ra-a-ni, rev. 6 (Laqaya), 11.

(mât) Ya-te (?), 6.

Ilu ib-ni, 70.

(al) Id (Hit), 59, 60, 61.

Ilu mil-ku (éponyme), 13.

(mât) Iš-ru-un, 31, 37, 39.

(al) Ka-i-li-te, 75.

(eqil) Kab-si-te, 58.

(mât) Kum-mu-ḫi, rev. 65.

(matâte) Kir-ru-u-ri, 30.

(eqil) Ka-ṣi, rev. 7, 8,

(mât) Kir-za-a-ni, rev. 47 (*ou* Gil-za-a-ni).

(šad) Kaš-ya-ri, 14.

(mât) La-da-a-ni, 34.

(mât) Lu-ul-lu, 35.

(mât) La-qi-e, rev. 22.

(mât) La-qa-a-ya, rev. 3, 5, 20.

(mât) La-a-qa-a-ya, rev. 7.

(al) La-ti-ḫi, rev. 30.

(mât) Mu-uš-ki, rev. 39.

(al) Ma-ga-ri-si, rev. 33.

Mu-da-da, rev. 3 (Laqaya).

Mu-da-da, rev. 10 (Sirqaya).

(eqil) Mar-ga-ni, 47.

(al) Maš-qi-te, 73.

Na-'-di ilu, 41 (éponyme), rev. 65 ̅.

(matâte) Na-i-ri, 1, 2, 11, 27.

(mât) Na-i-[ri], rev. 47.

(al) Na-gi-a-te, rev. 2.

(al) Ni-nu-a, 8, 9, 13, rev. 48.

(ilu) NÛN NAM-NIR, 27.

(ilu) Ninip, 25, rev. 52.

(al) Na-ṣi-pi-na, rev. 36.

(al) Sa-bi-ri-te, 66, var. Sabirute, *ibid*.

(al) Su-u-ri ša (mât) Suḫi, 67, 68.

(al) Su-u-ri, rev. 15, ša mâr Ḫadippê, rev. 20.

(mât) Su-ḫi, 68, 70.

(al) Sa-la-te, 55.

(nâr) Su-ub-na-at, 14.

(al) Si-ip-pu-ru ša (ilu) Ša-maš, 53, 54.

(al) Sir-qi, rev. 8, 11; Sir-qu, rev. 12, 13.

(al) Sir-qa-a-ya, rev. 10.

(al) Pa-an..., 14.

(al) Pi-i-ru..., rev. 40.

(nâr) Pu-rat-te, 54 *(passim)*.

(nâr) Pa-at-ti (ilu) Bêl, 52, 53.

(al) Ṣu-up-ri, rev. 4.

(al) Qat-ni, rev. 27.

(al) Ra-di (?), 6.

(al) Ri-ḫi-e-te (?), 6.

(al) Ra-ḫi-im-me, 56, 57.

(al) Ru-um-mu-ni-du (?), rev. 14, 15.

(al) Ra-pi-qu, 56, 57.

(mât) Šu-ba-ri-i, rev. 47.

(ilu) ŠI-DU, rev. 52.

Ša (al) Di-kan-ni, rev. 31, 32.

Ša (mât) Di-ka-na-a-ya, rev. 30.

(al) ša Tukulti Ninip ana eššute iṣbatuni, rev. 37, 38.

(al) Ta-bi-te, rev. 34 (?), 35.

Tukulti Ninip, 26, rev. 55.

(al) Tal-bi-iš, 67, var. Tal-me-iš, *ibid*.

(nâr) Tar-ta-ra, 42, 45, 46, 47.

TABLE DES MATIÈRES

5

10

15

20

25

Face I.

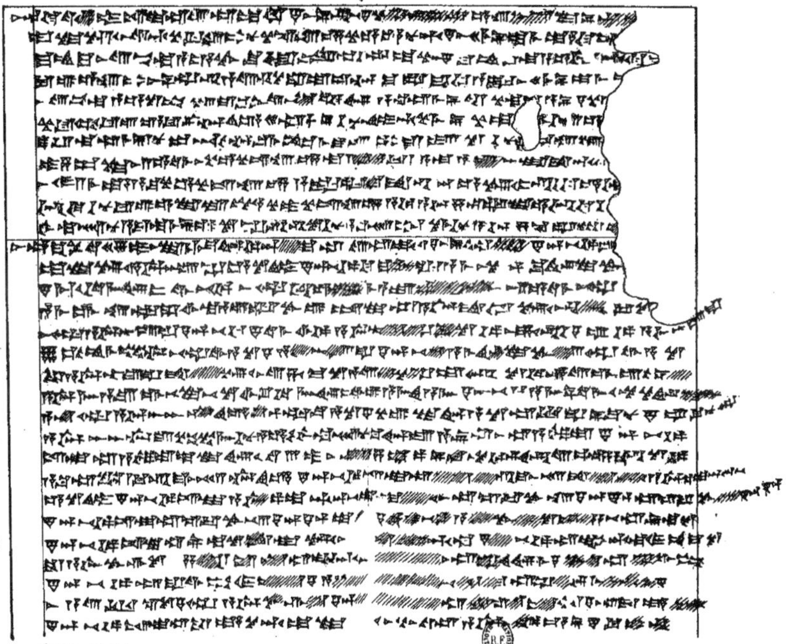

30

35

40

45

50

55

face (suite) II

60

65

70

75

80

face (suite) III

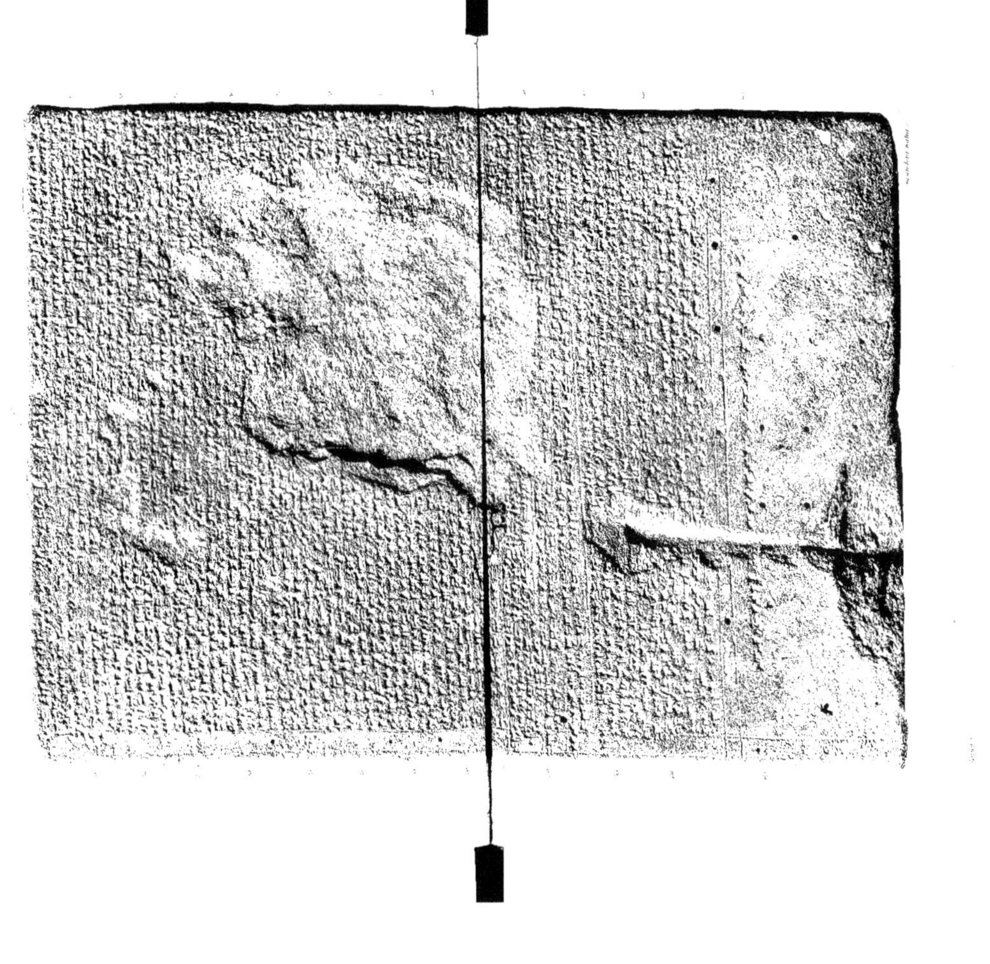

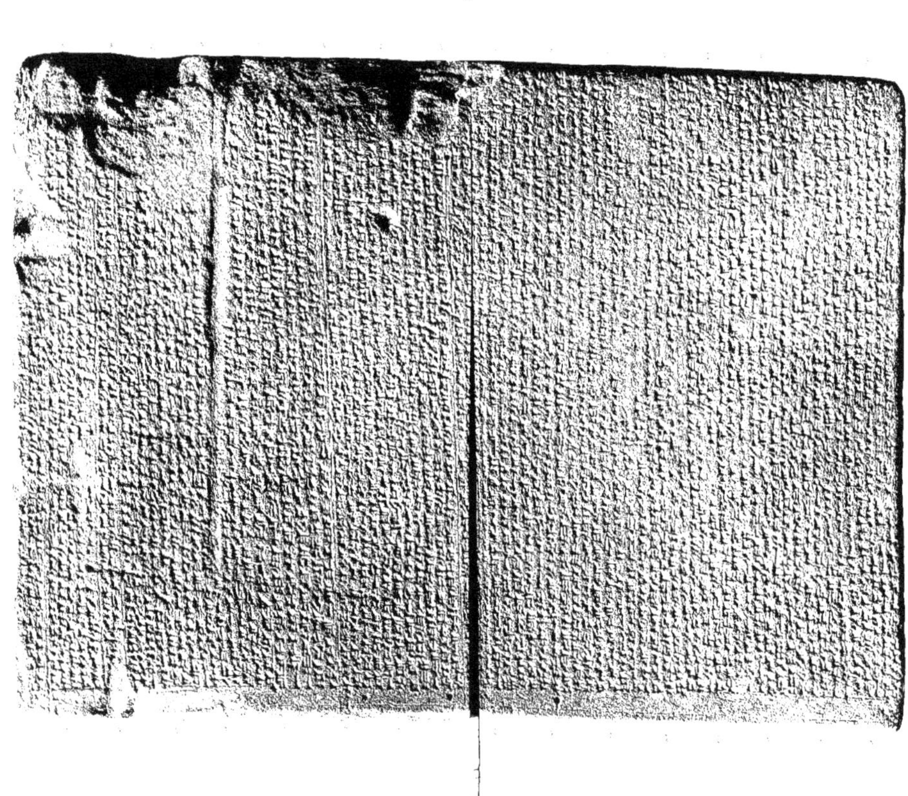

Rev. I

30

35

40

45

Rev.(Suite)II

50

55

60

65

J. Et. Gautier

Rev. (suite) III

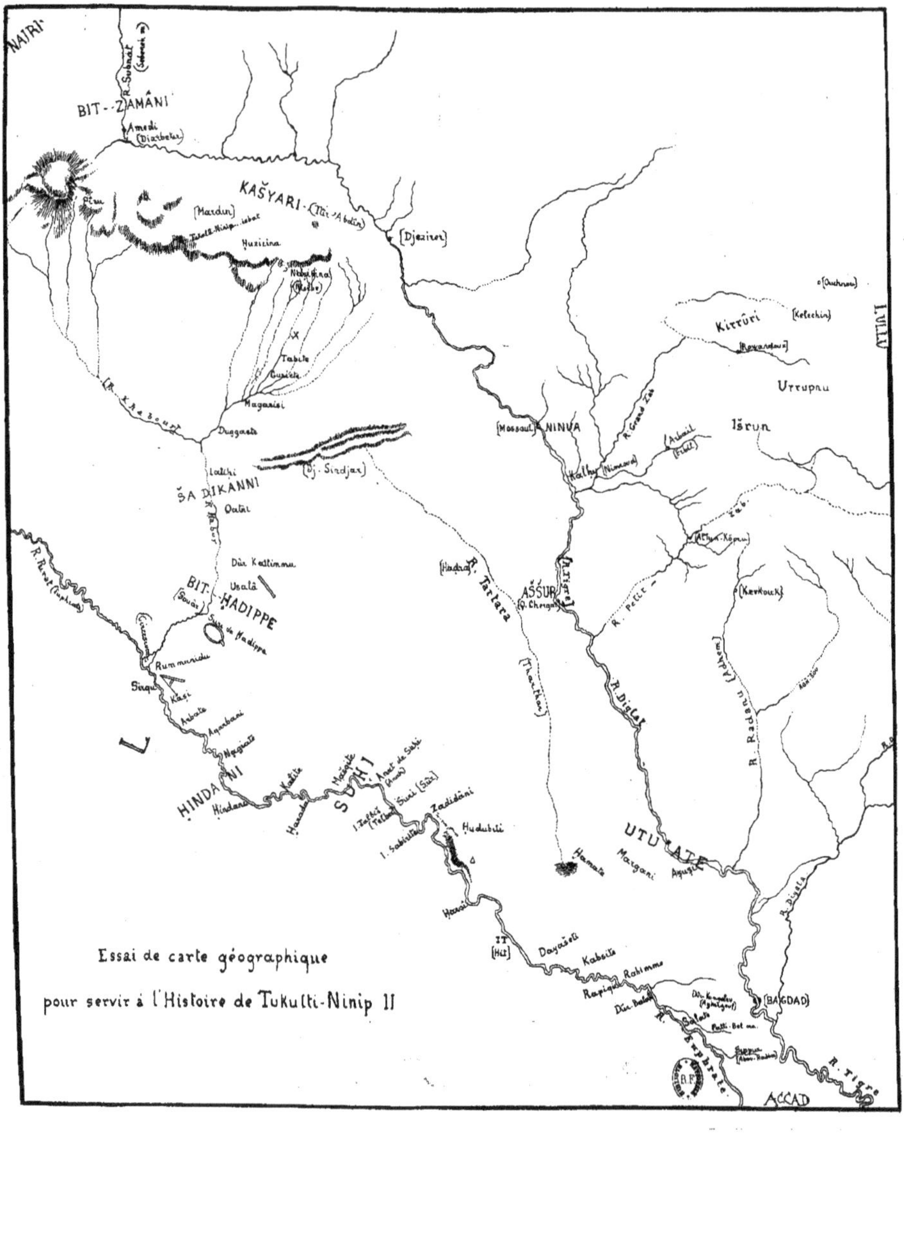

Essai de carte géographique

pour servir à l'Histoire de Tukulti-Ninip II

La ville de Hit.